AF332575

Fonuenay Pinx.
E delinck Sculp.
Nicolas Verien
Graueur a Paris.
1685.
12

LIVRE CURIEUX ET UTILE

Pour

Les Sçavans, et Artistes.

Composé

de trois Alphabets de Chiffres

simples, doubles & triples,

fleuronnez et au premier trait.

Accompagné

d'un tres grand nombre de

Devises, Emblêmes, Médailles et autres

figures Hieroglyfiques.

Ensemble

de plusieurs Supports et Cimiers

pour les ornemens des Armes.

Avec une Table tres ample par le

moyen de laquelle on trouvera fa-

cilement tous les noms imaginables

Le tout Inventé, Dessiné et Gravé

Par

NICOLAS VERIEN MAISTRE GRAVEUR

Paris

Chez Jean Jombert, prés les grands Augustins,

a l'Image Nostre Dame

Avec Privilege du Roy.

A MONSEIG.ʳ LE DAUPHIN

MONSEIGNEUR

Si nous benissons tous les jours le Ciel de
nous avoir fait naître Sous un Prince aussy grand, aussy Sage, aussy heureux, qu'-
est le Monarque qui régne sur nos têtes:
nous ne devons pas moins le remercier,
de ce que ce bonheur ne finira pas si tost.
On void si bien reluire en Vôtre Auguste
Personne toutes les éminentes qualitez,
que l'on admire dans nôtre Roy, qu'à ces
Seules marques on peut Vous réconnoître
pour son fils. On decouvre particuliérement
en Vous (MONSEIGNEUR) ce même amour
pour les beaux Arts, cette même bonté pour
ceux qui les cultivent avec soin ; bien plus,
Vous avez encor voulu honorer l'Art dont
je fais profession, en y consacrant quelques
uns de ces precieux momens, qui doivent
regler un jour les destinées de l'Univers. Com
bien (MONSEIGNEUR) cette loüable inclina-
tion, que Vous avez fait parroître dez Vôtre
plus grande jeunesse a-Elle produit d'ex=
cellens Ouvriers! Combien est on devenu plus
delicat! l'Architecture, la Sculpture, la Pein-
ture a peine connuës en France jusqu'à
nos jours, approchent de leur perfection,

si Elles n'y sont déja arrivées. Et ces
superbes bâtimens qu'on void s'élever
tout a coup comme par des enchan=
temens, ces Antiques, ces Curiositez,
que l'on ramasse avec tant de soin, et
de dépense n'instruiront pas moins
la Posterité de la grandeur, & de la
magnificence du Roy, du bonheur, et
de la tranquilité de son Régne, que
l'Histoire et les panegyriques que l'on
en fera. Pour moy, MONSEIGNEUR, je
me croiray trop heureux, et je me fla=
teray d'une espece d'Immortalité, si
l'Ouvrage, que je prens la liberté de
Vous presenter, peut tenir quelque
rang parmy tant de raretez, qui en=
trent dans Vôtre Cabinet et si Vous
voulez bien accepter ces foibles mar=
ques de mon Zele, et du profond
respect avec lequel je suis,

MONSEIGNEUR

Vôtre tres-humble &
tres-obeissant Serviteur
NICOLAS VERIEN.

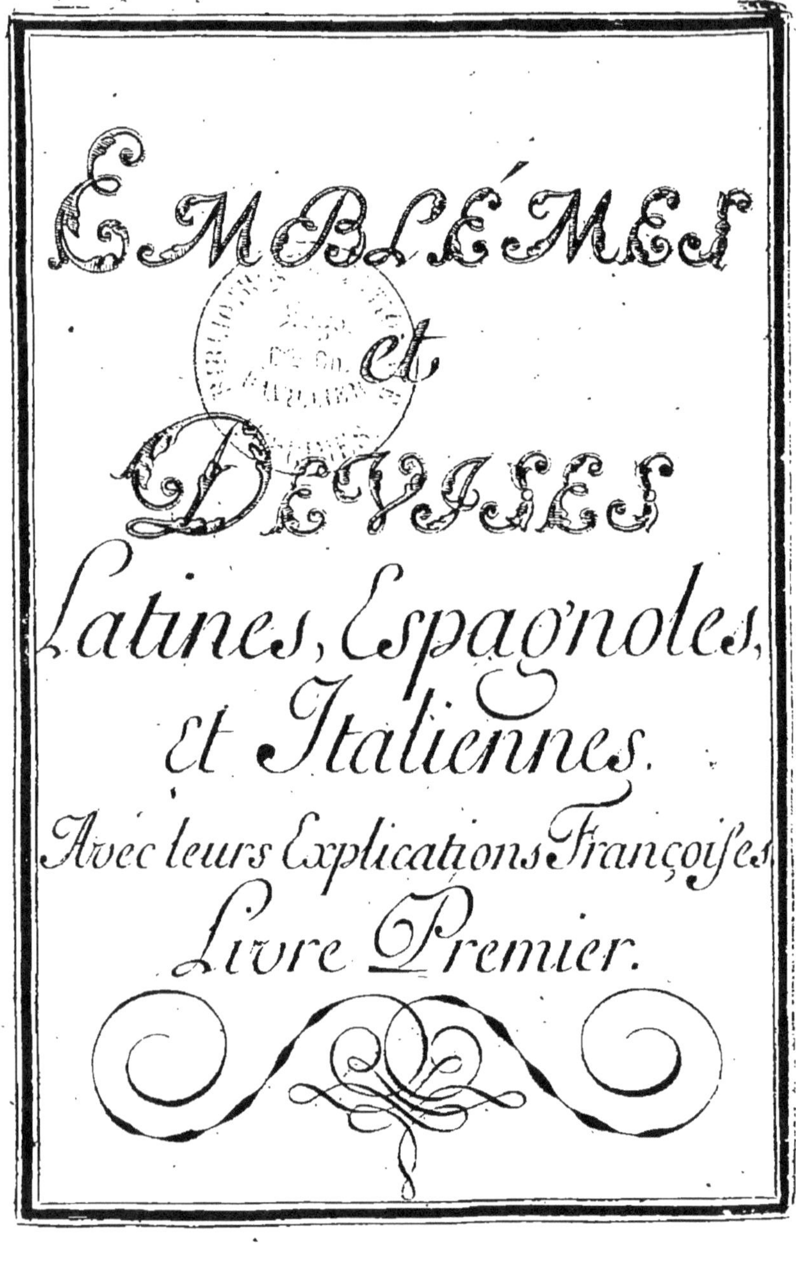

EMBLÉMES
et
DEVISES
Latines, Espagnoles,
et Italiennes.
Avec leurs Explications Françoises
Livre Premier.

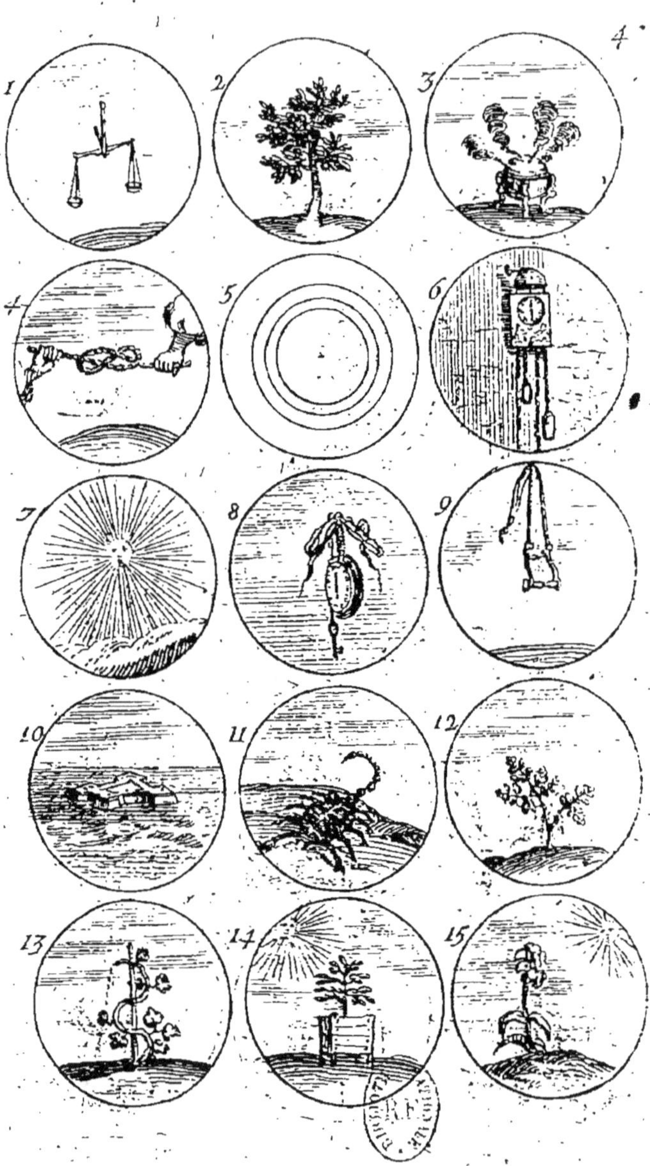

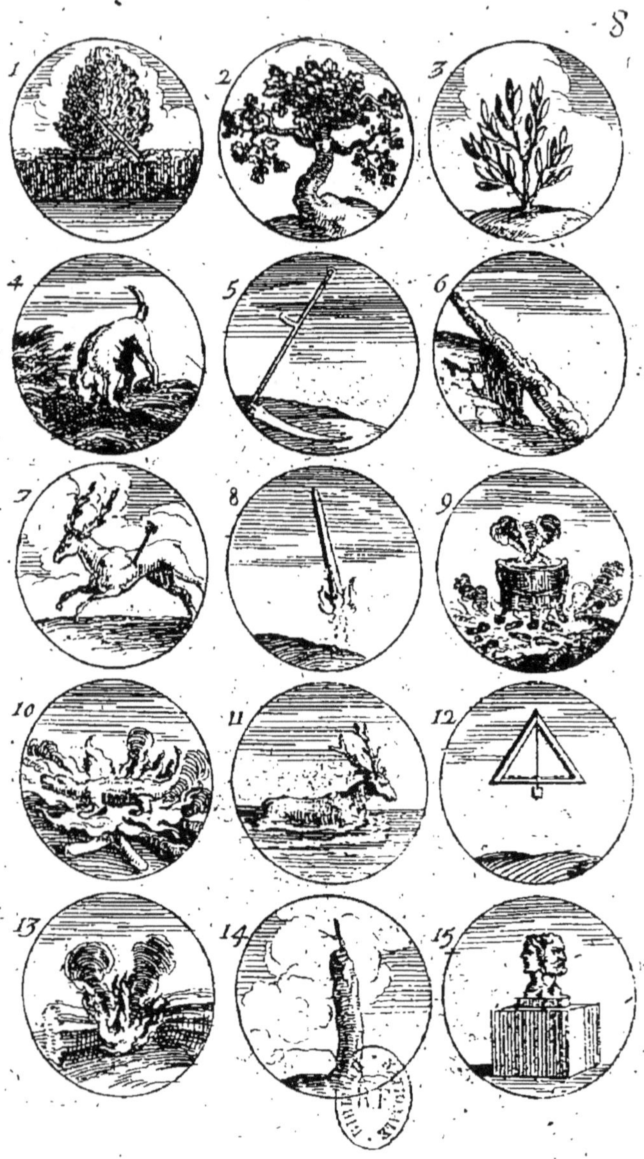

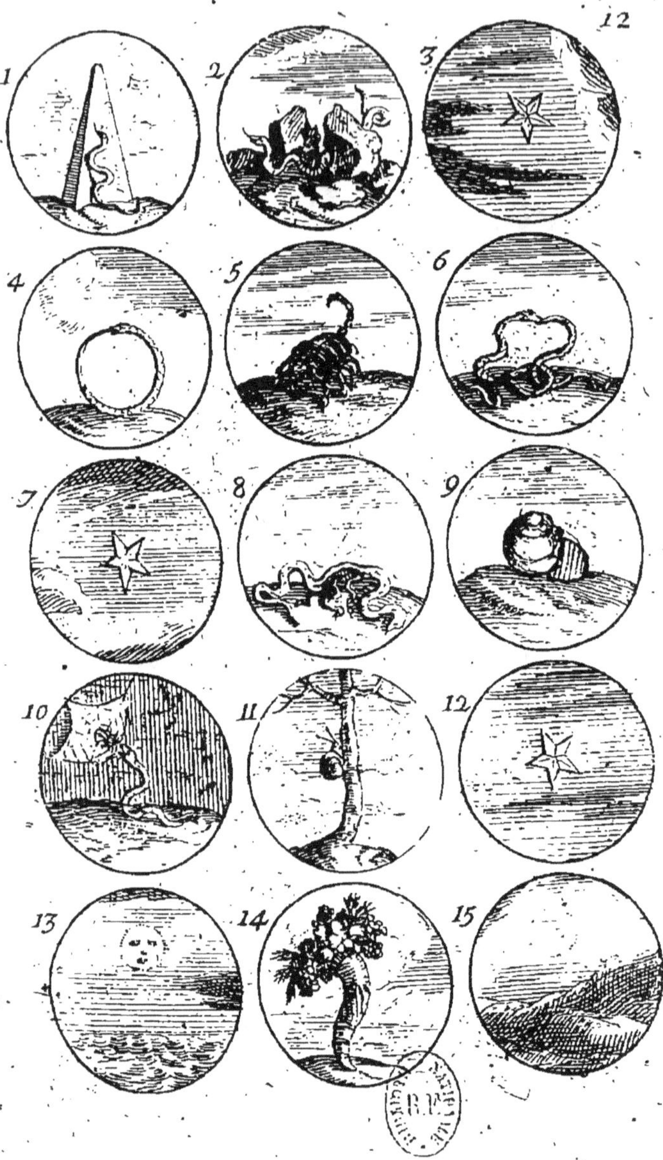

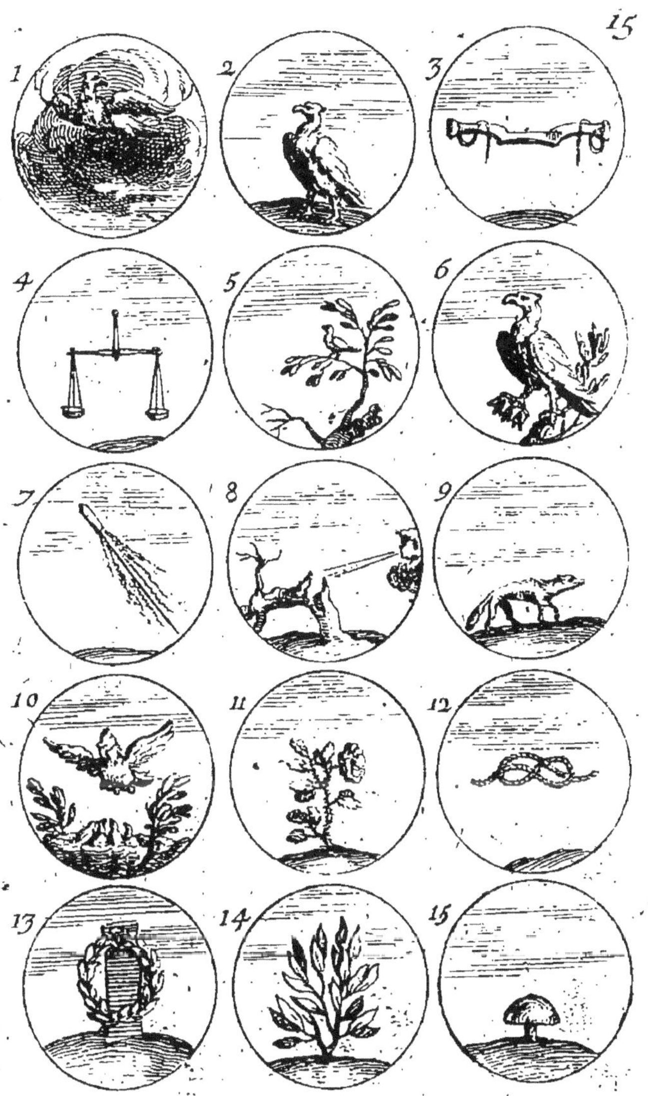

20

1
2
3
26
4
5
6
7
8
9
10
11
12
13
14
15

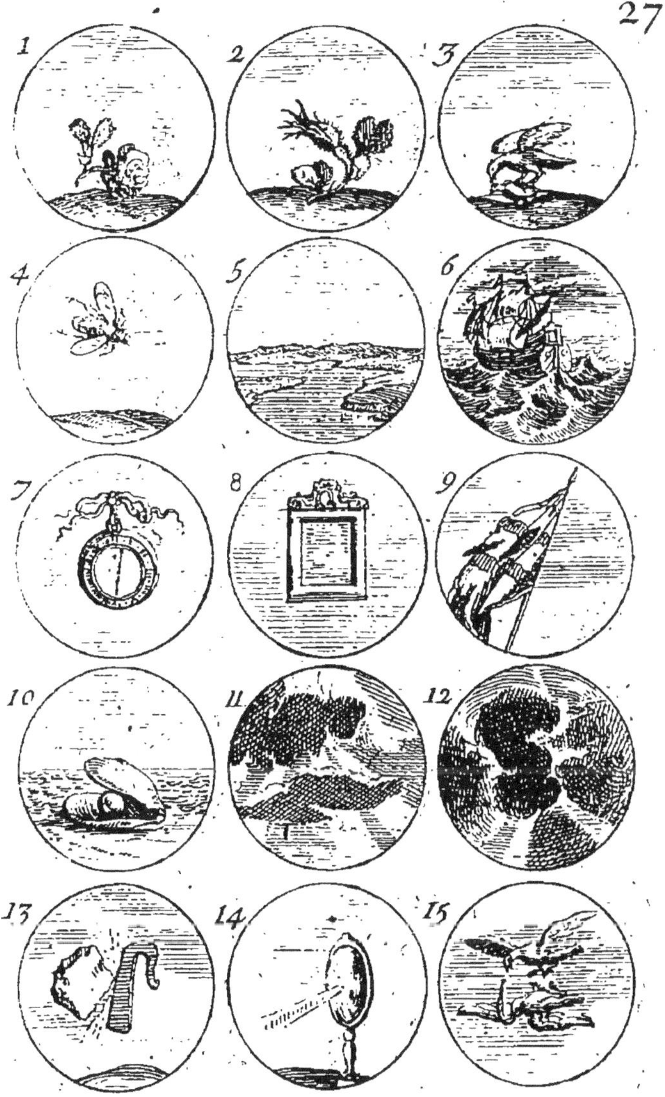

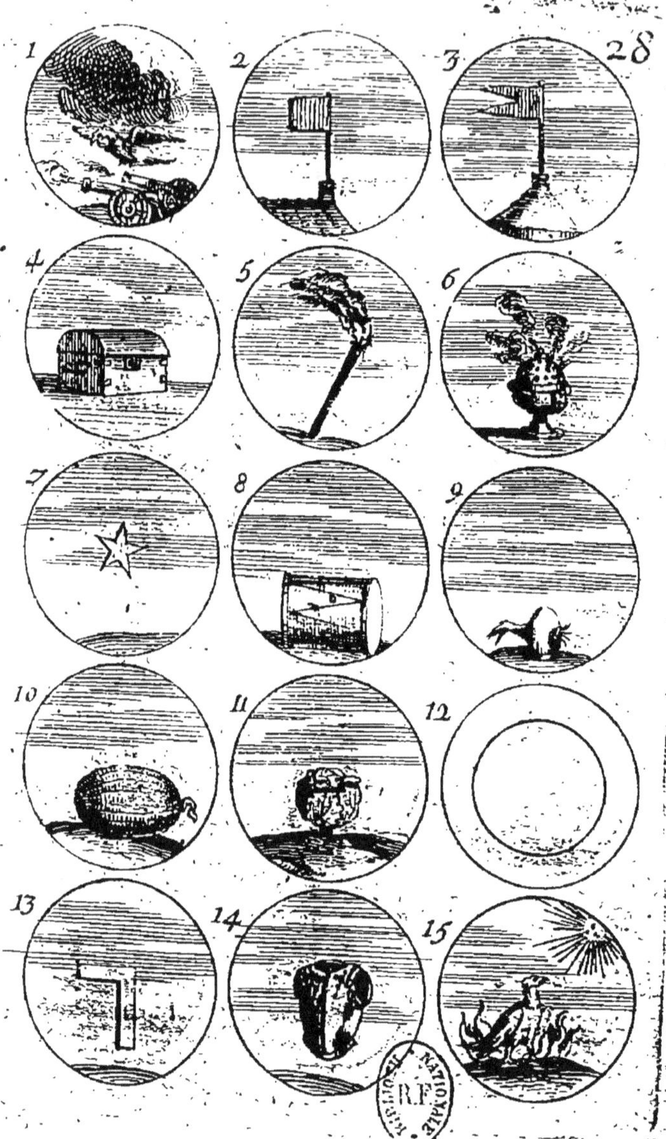

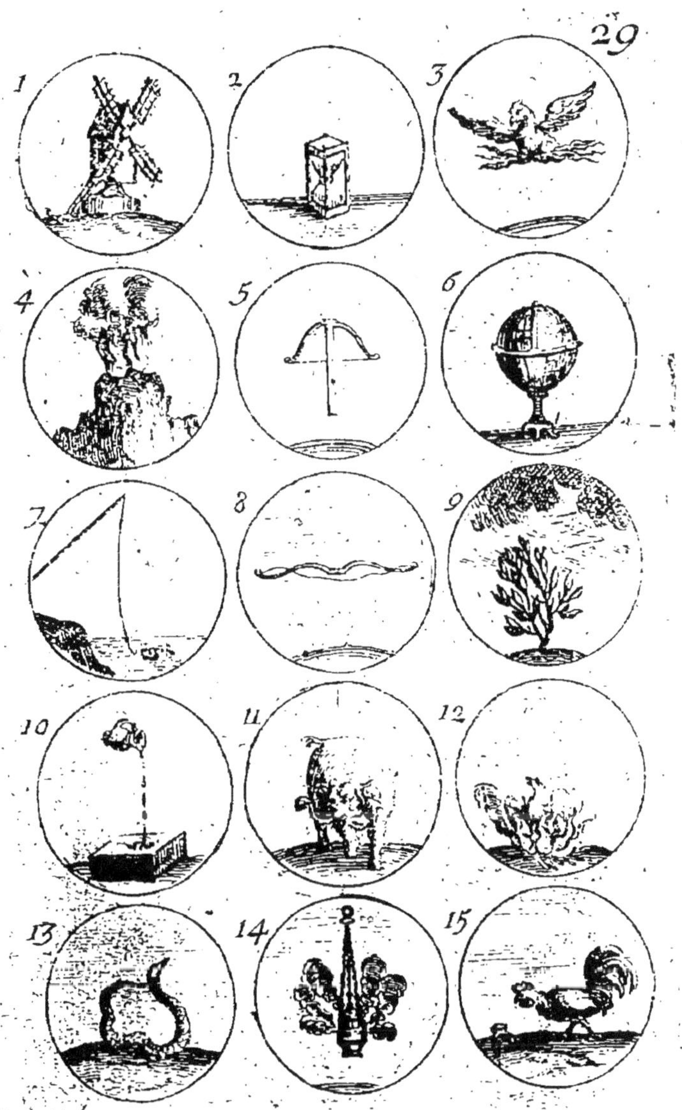
29

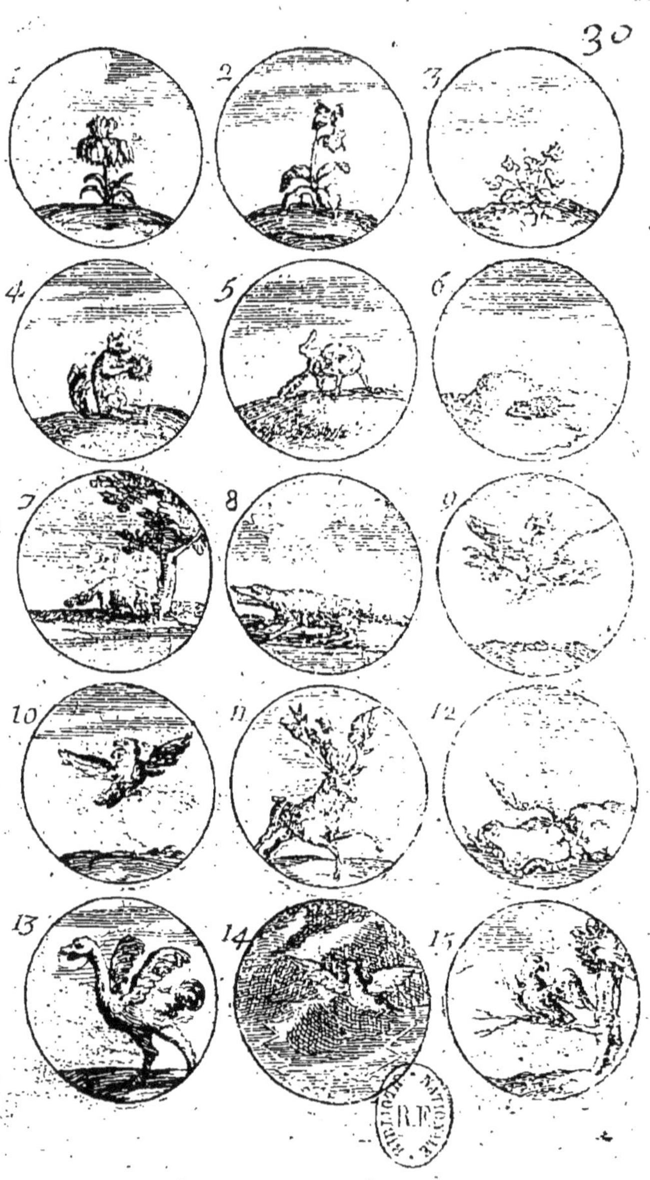

30

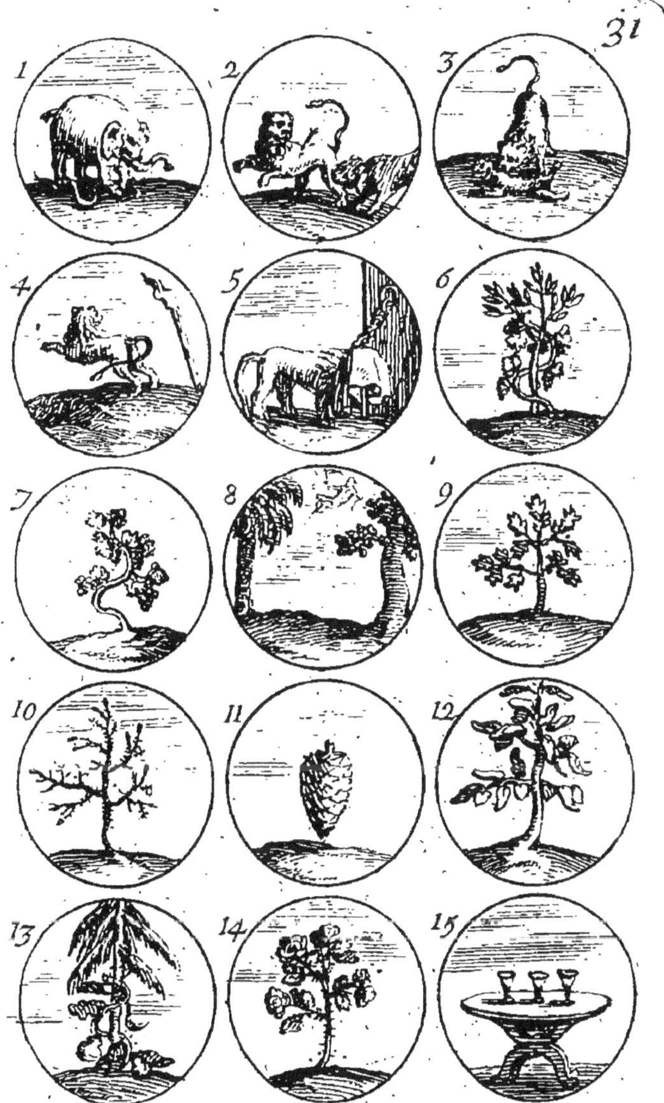

36
1
2
3
4
5
6
7
8
9
10
11
12
13
14
15

38

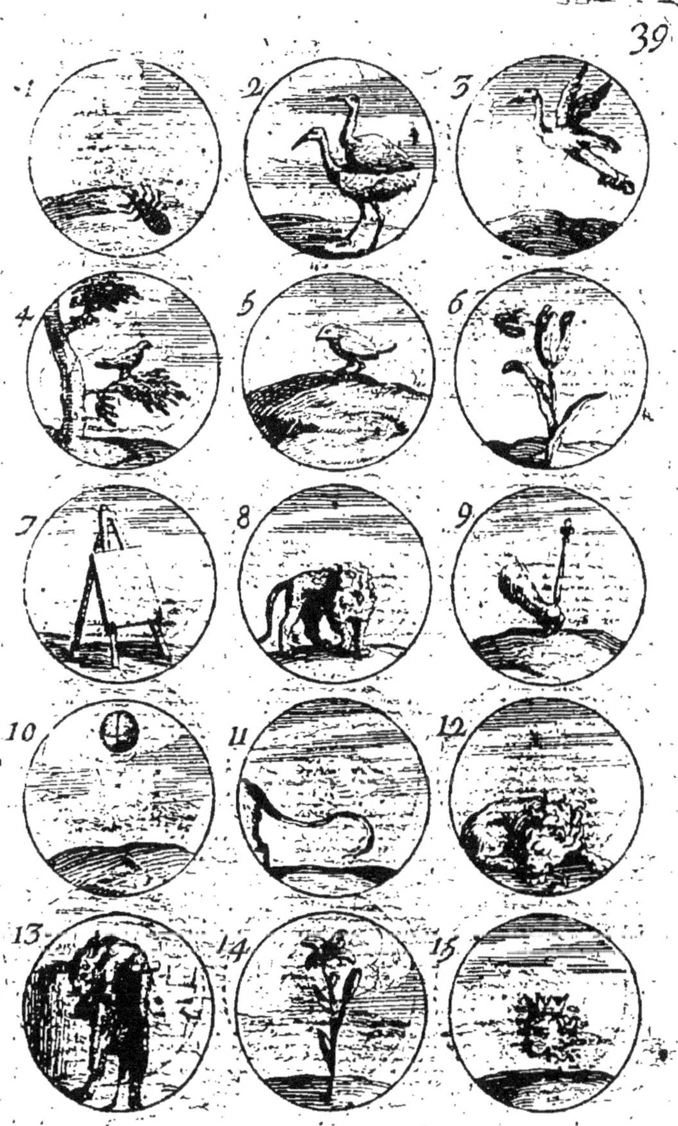

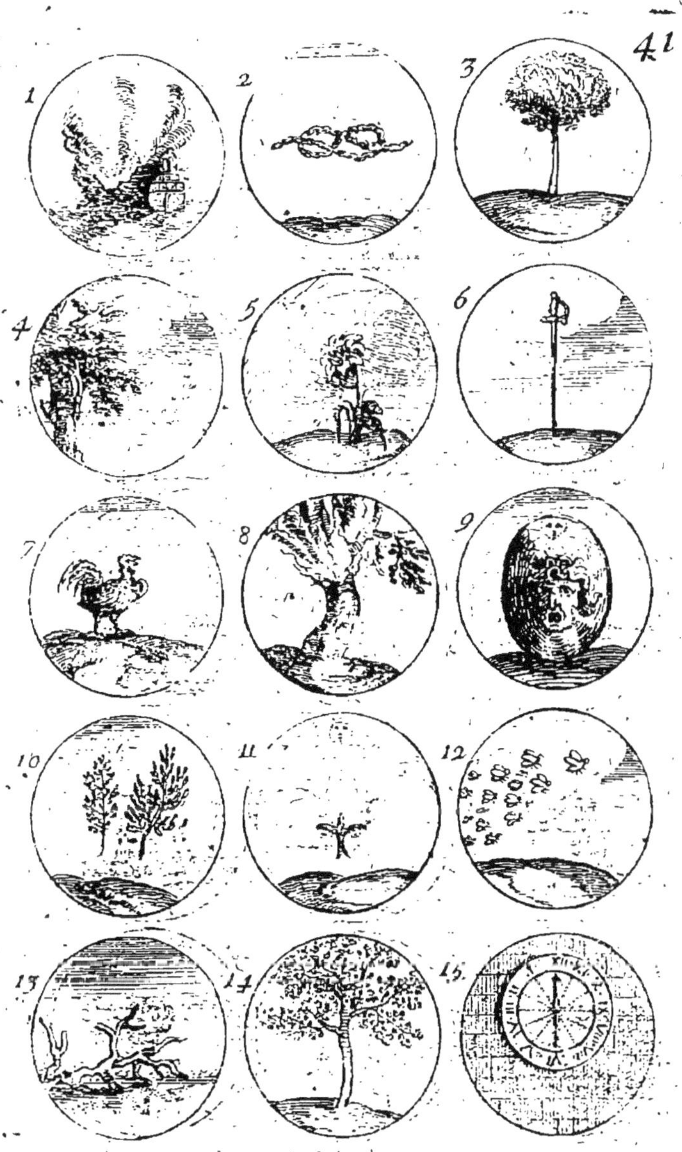

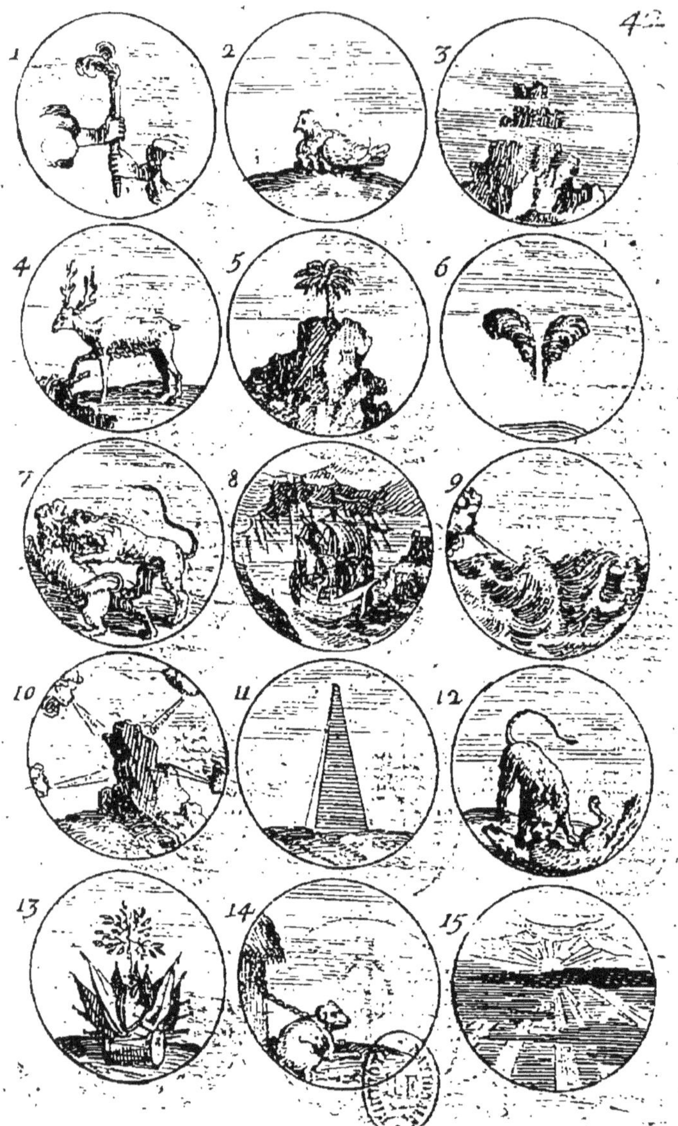

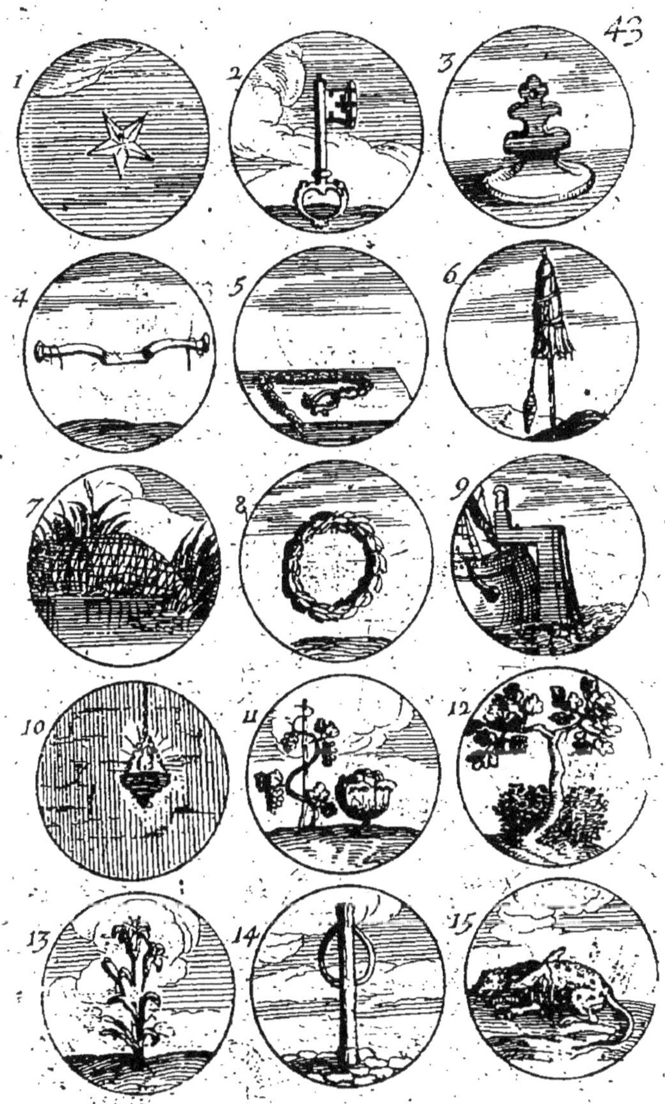

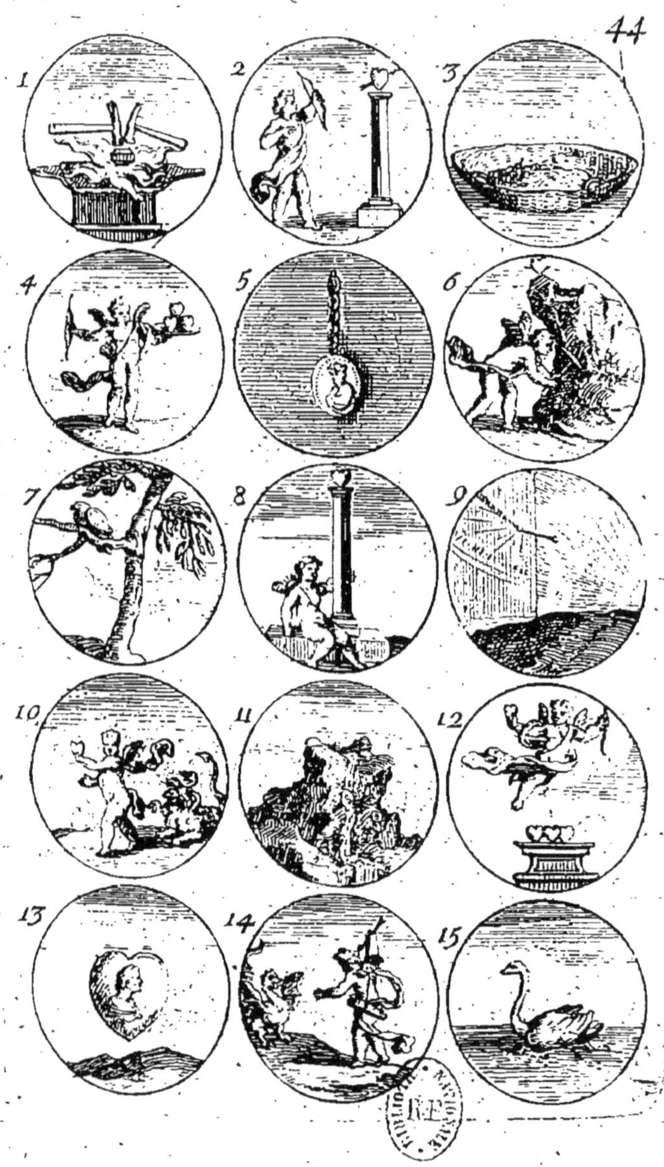
44
1
2
3
4
5
6
7
8
9
10
11
12
13
14
15

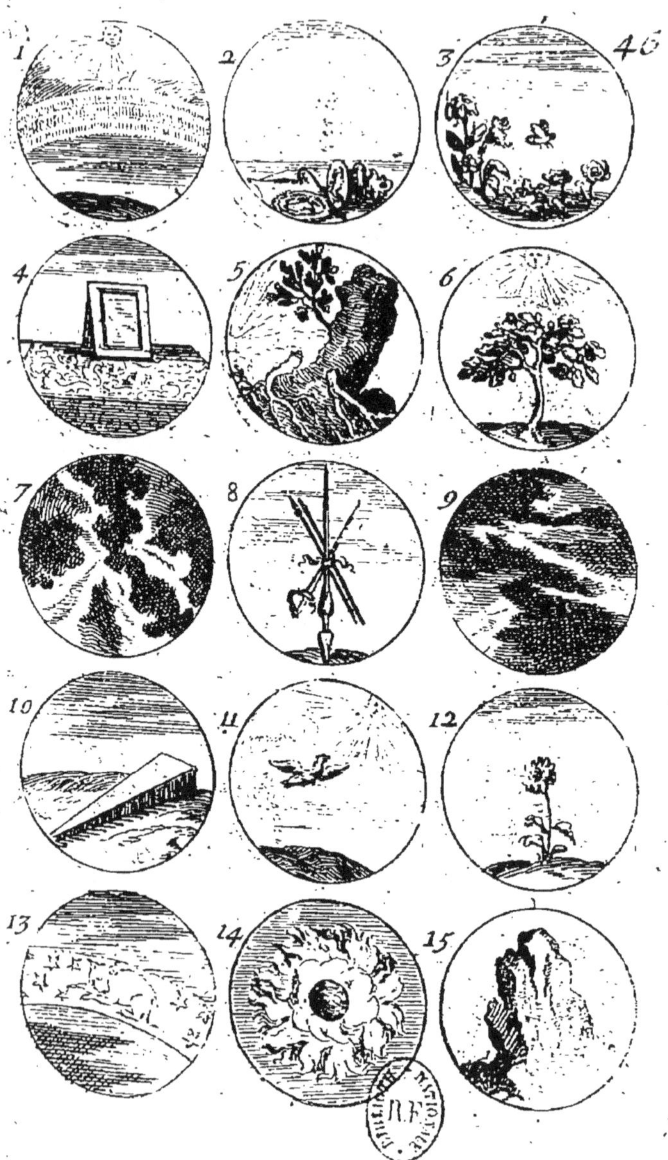

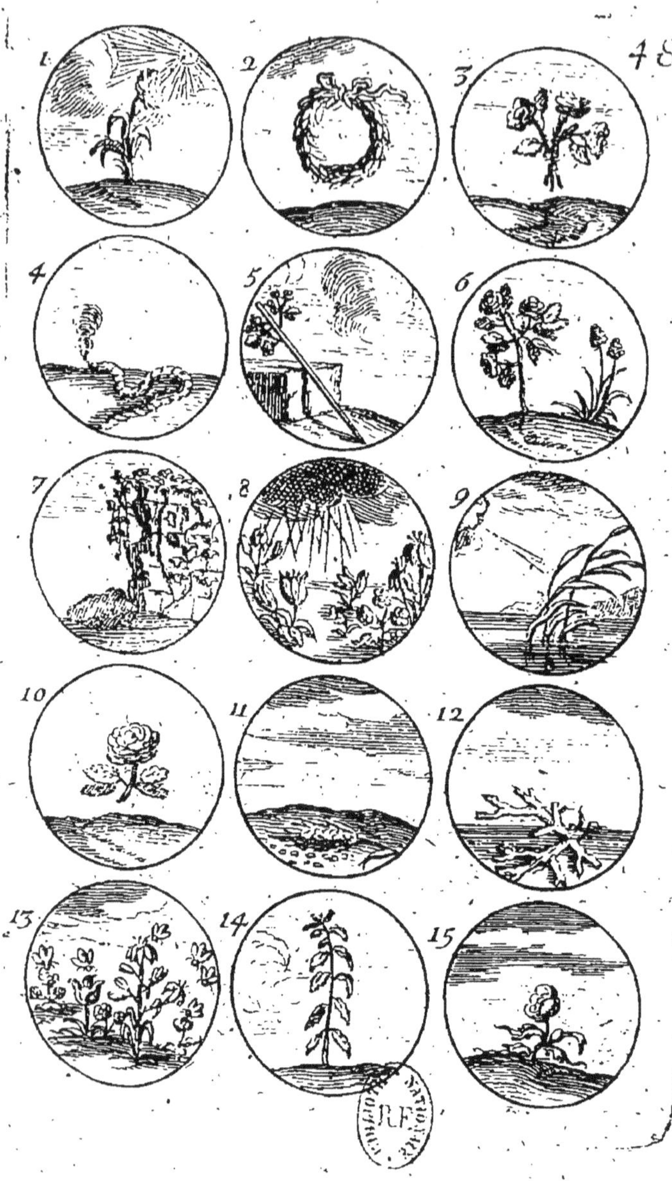

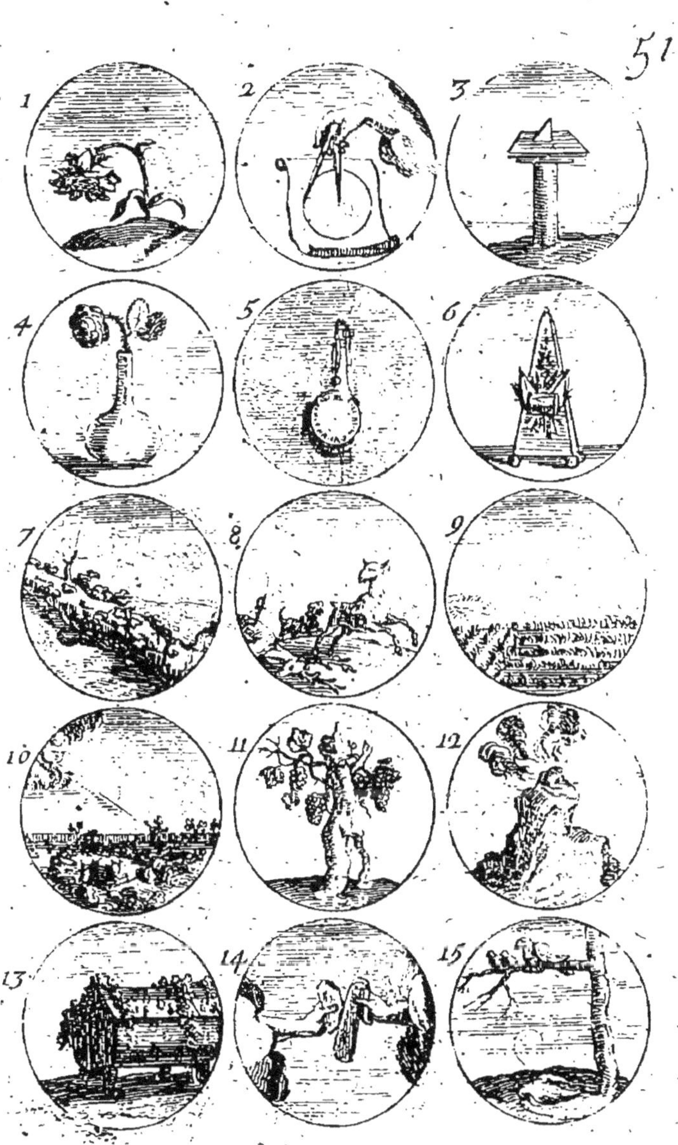

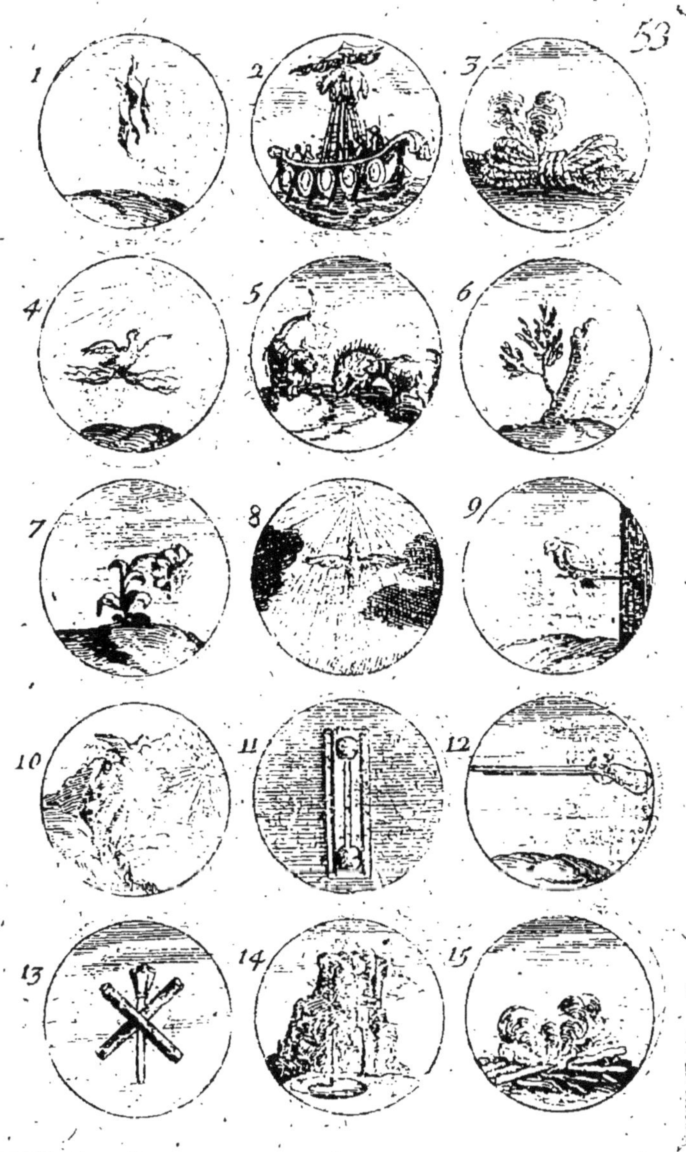

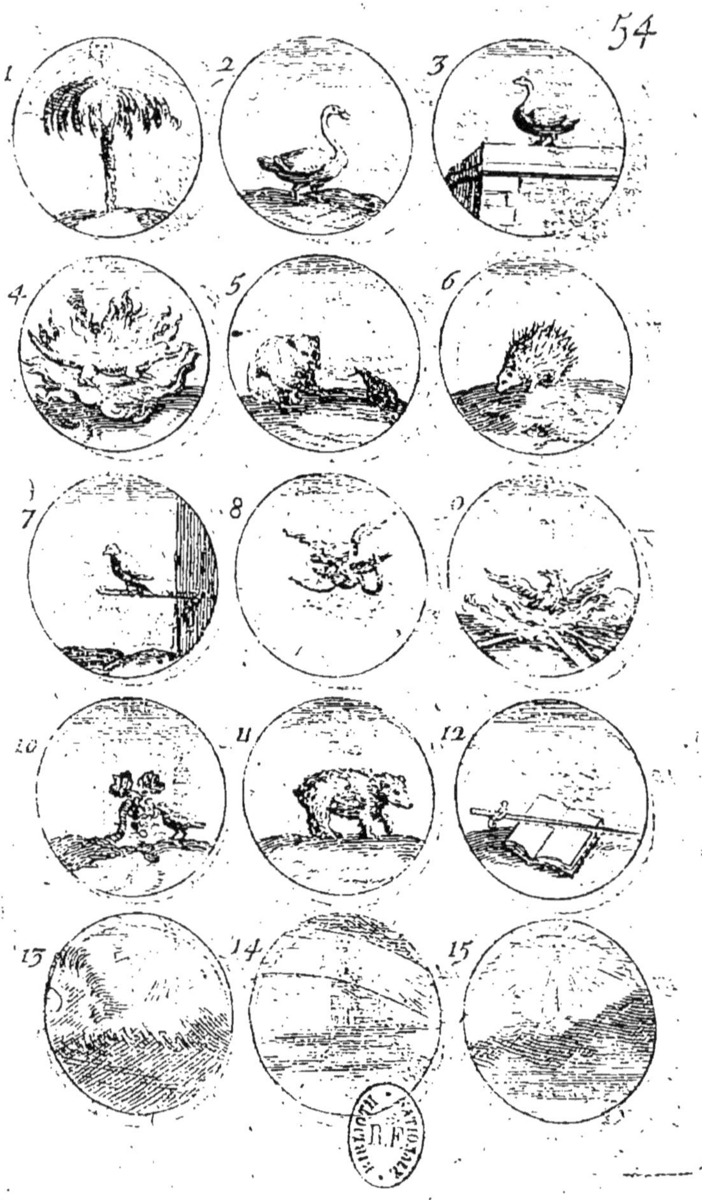

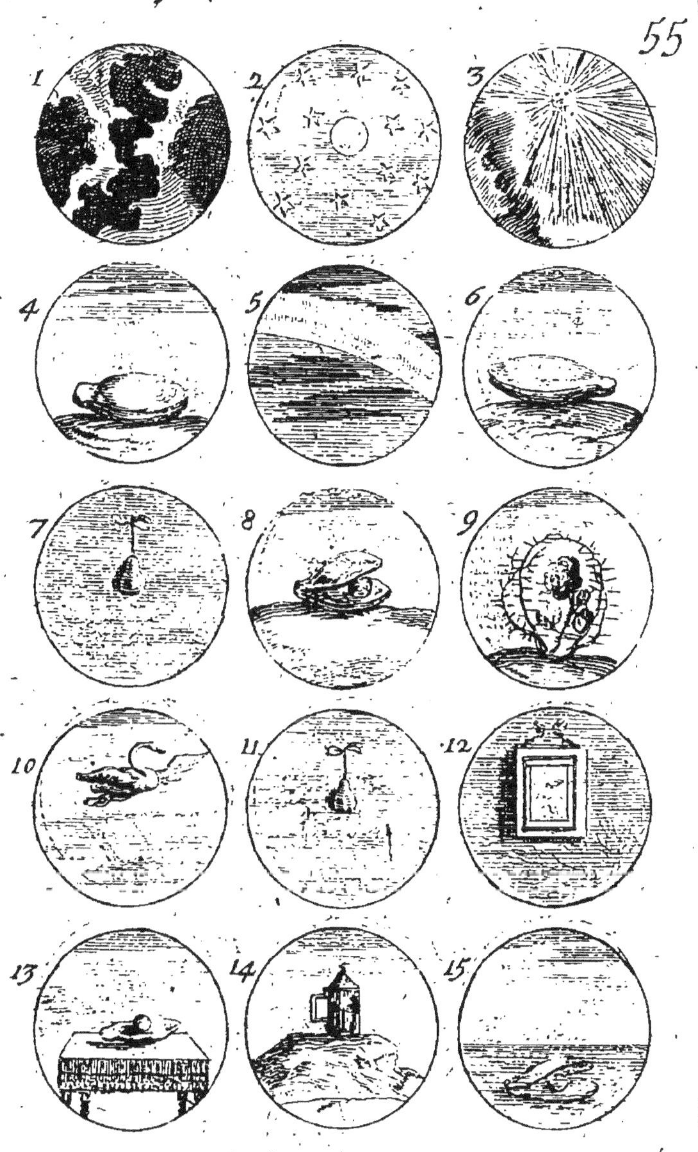

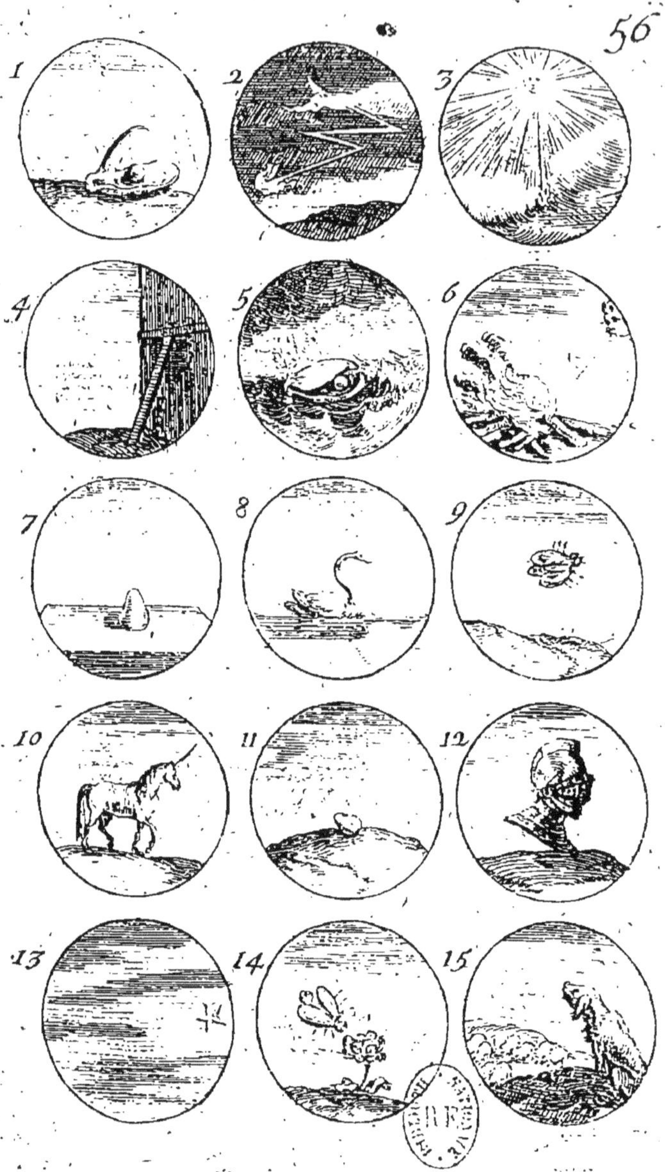

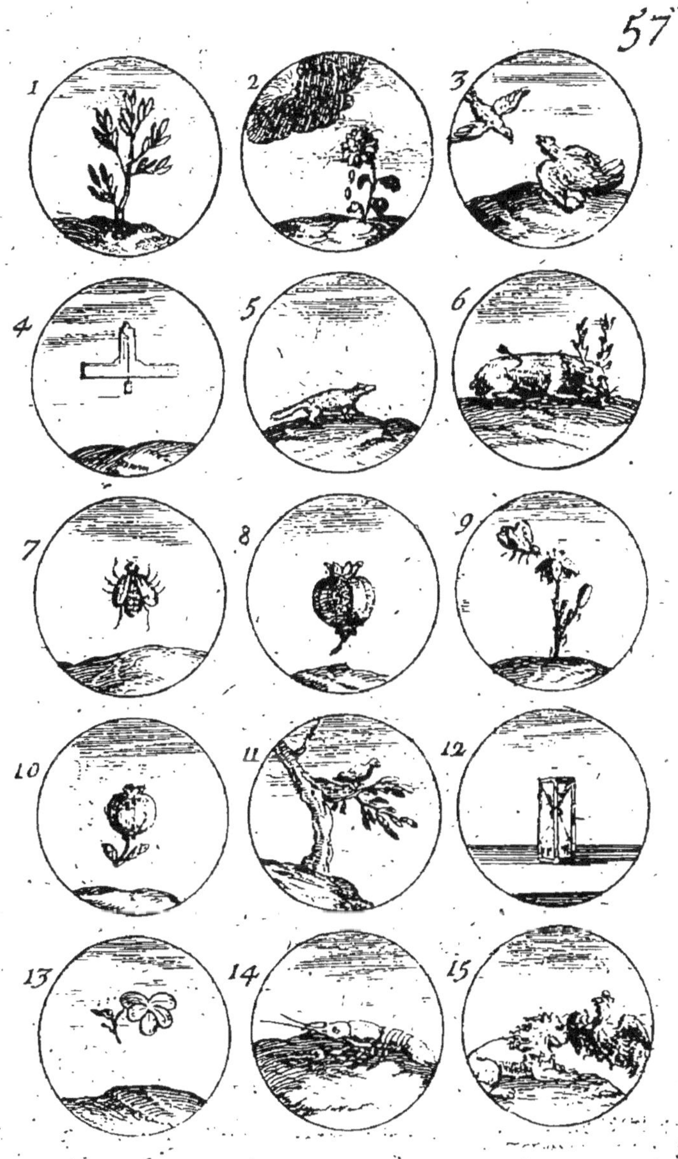

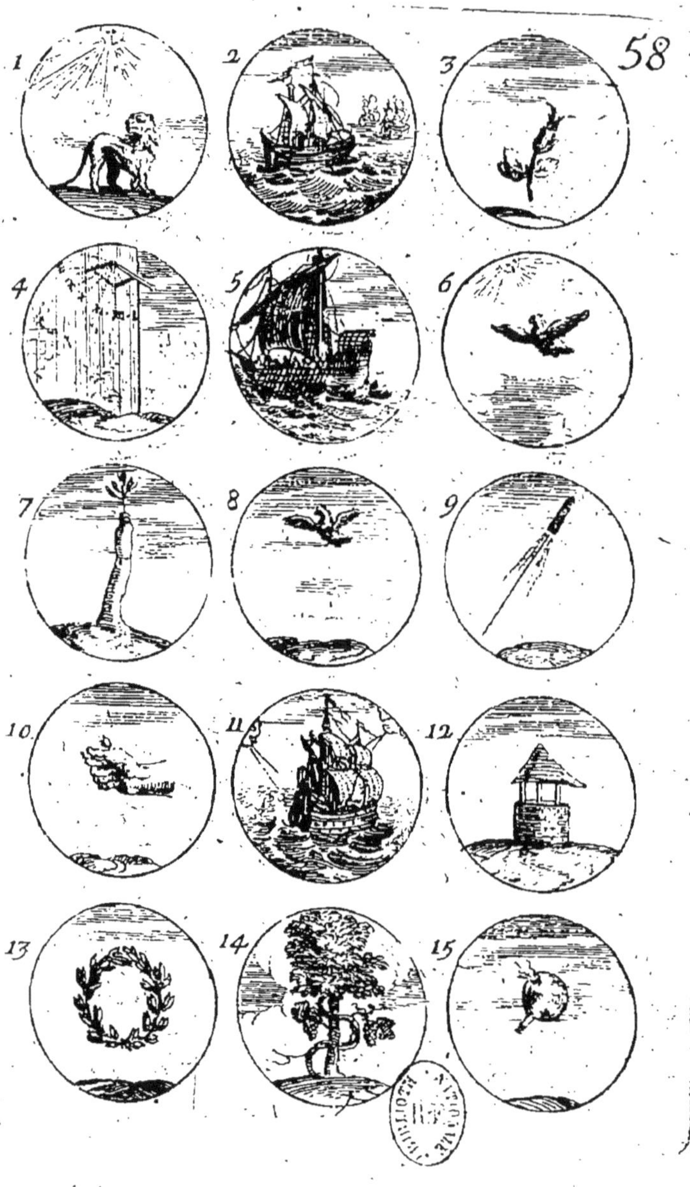

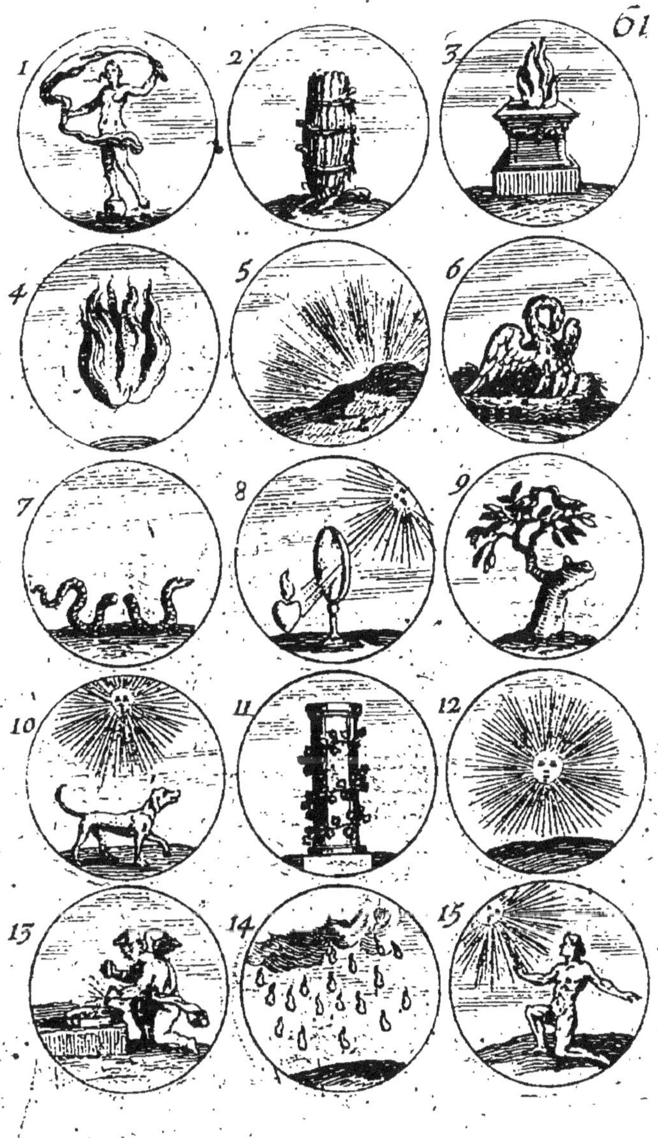

Alphabeta

De Chiffres Simples,

Doubles et Triples

Fleuronnez,

Et

Medaillea

Hieroglyphiques.

Livre Second

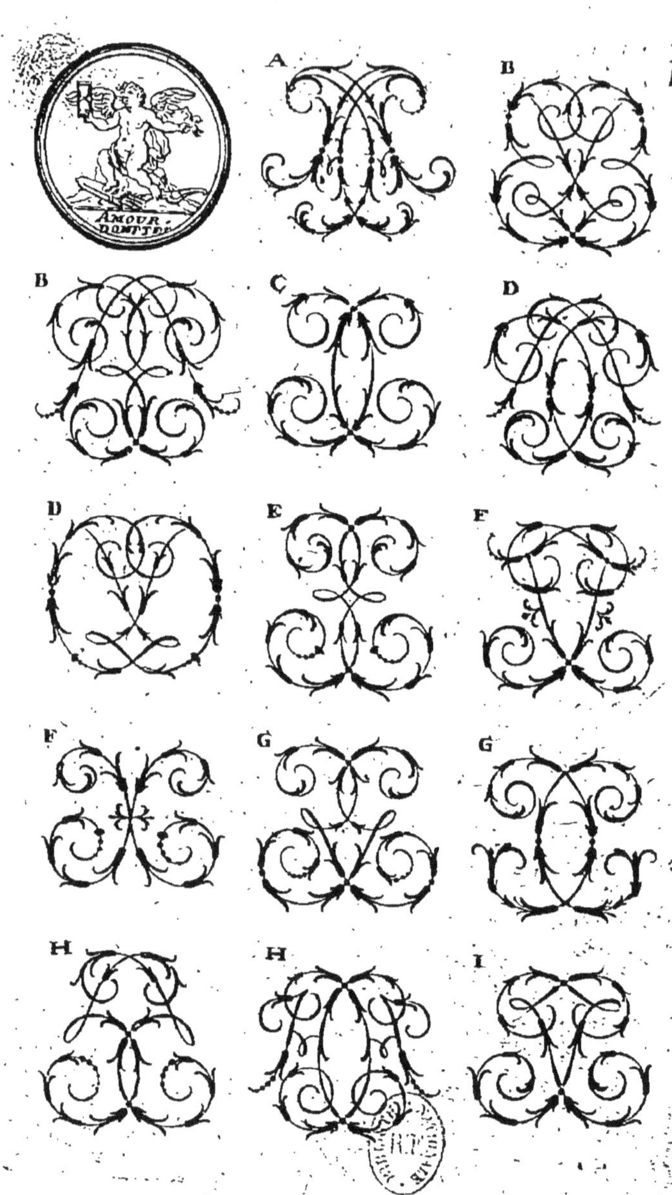
AMOUR
DOMTÉ
A
B
B
C
D
D
E
F
F
G
G
H
H
I

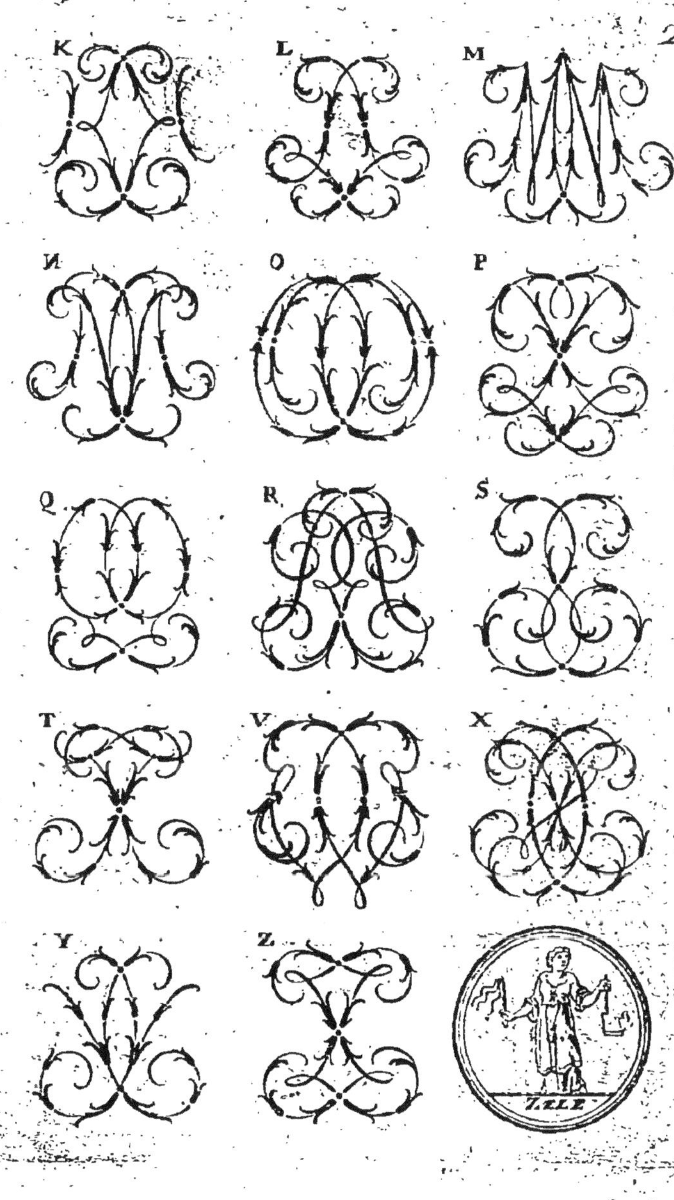
ZELE

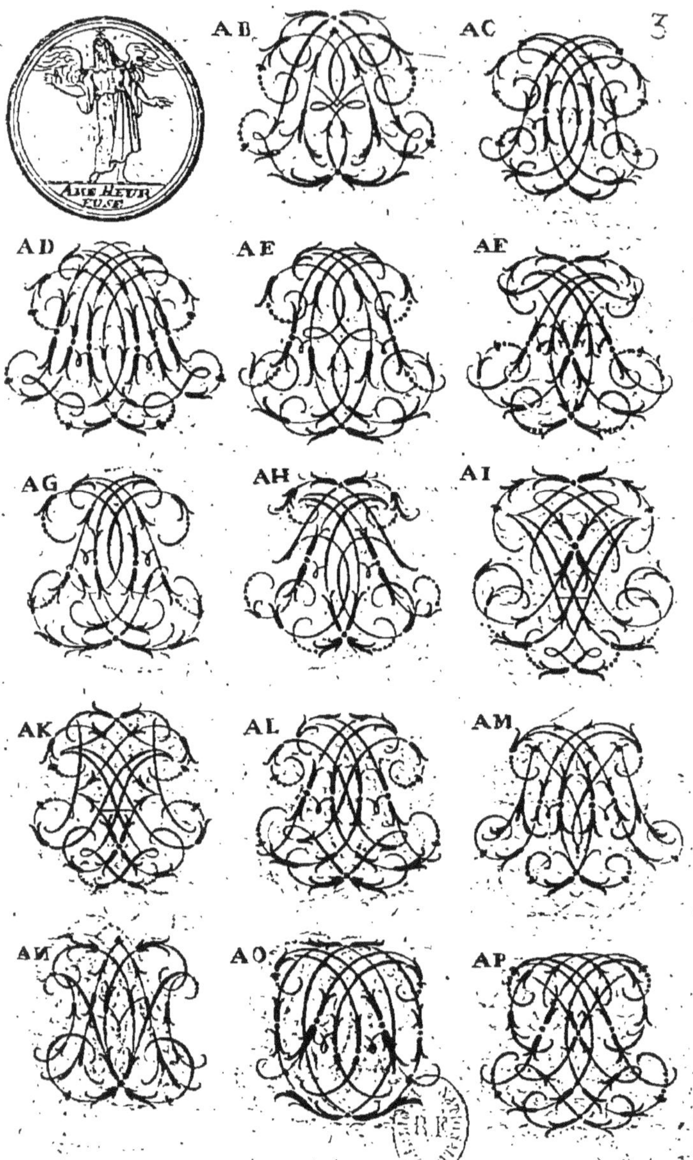

AB
AC
AD
AE
AF
AG
AH
AI
AK
AL
AM
AN
AO
AP
AME HEUR EUSE

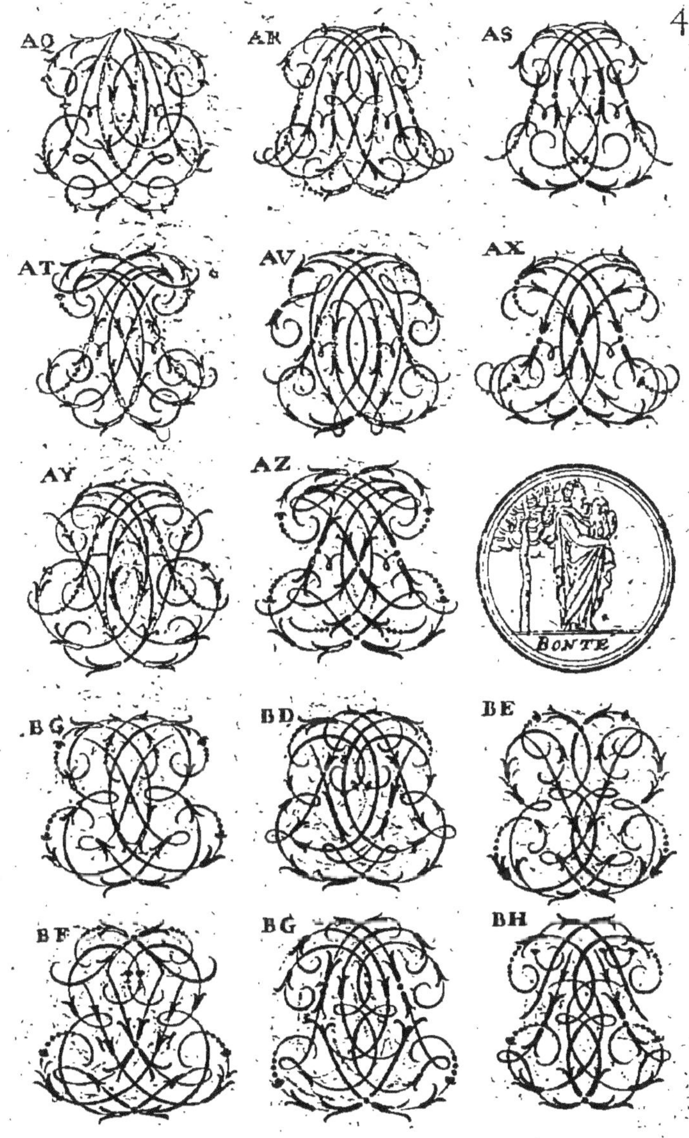

AQ
AR
AS
AT
AV
AX
AY
AZ
BONTE
BC
BD
BE
BF
BG
BH

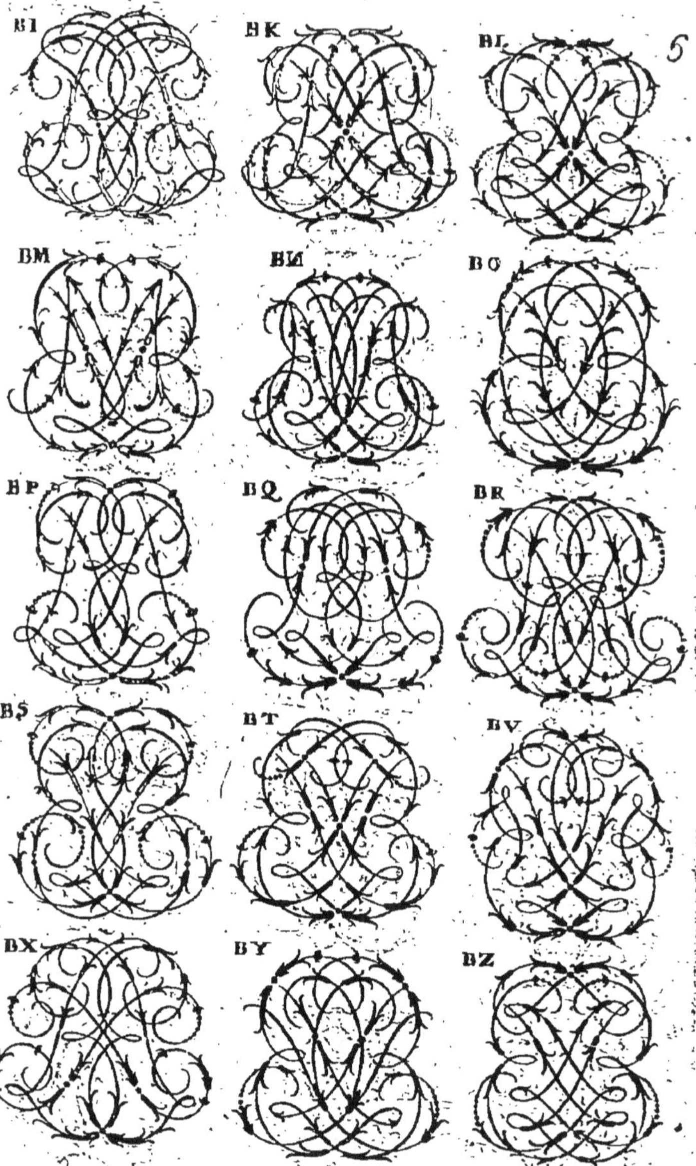

BI
BK
BL
BM
BN
BO
BP
BQ
BR
BS
BT
BV
BX
BY
BZ

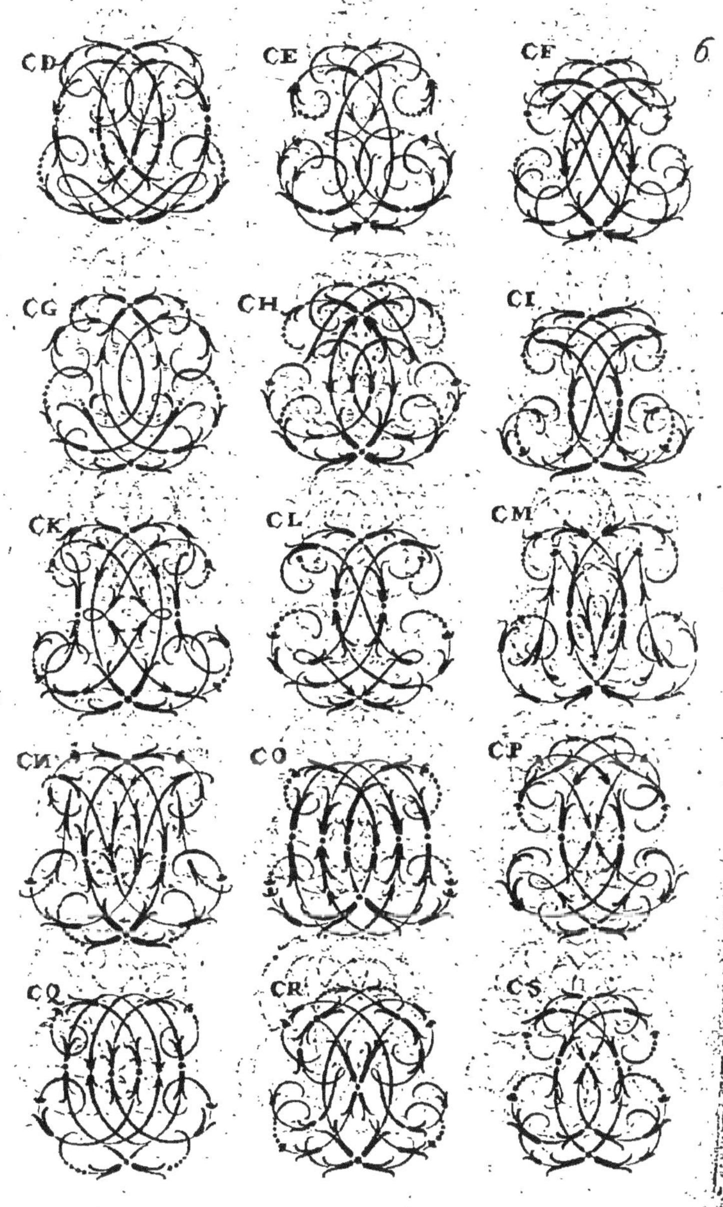
CD
CE
CF
CG
CH
CI
CK
CL
CM
CN
CO
CP
CQ
CR
CS

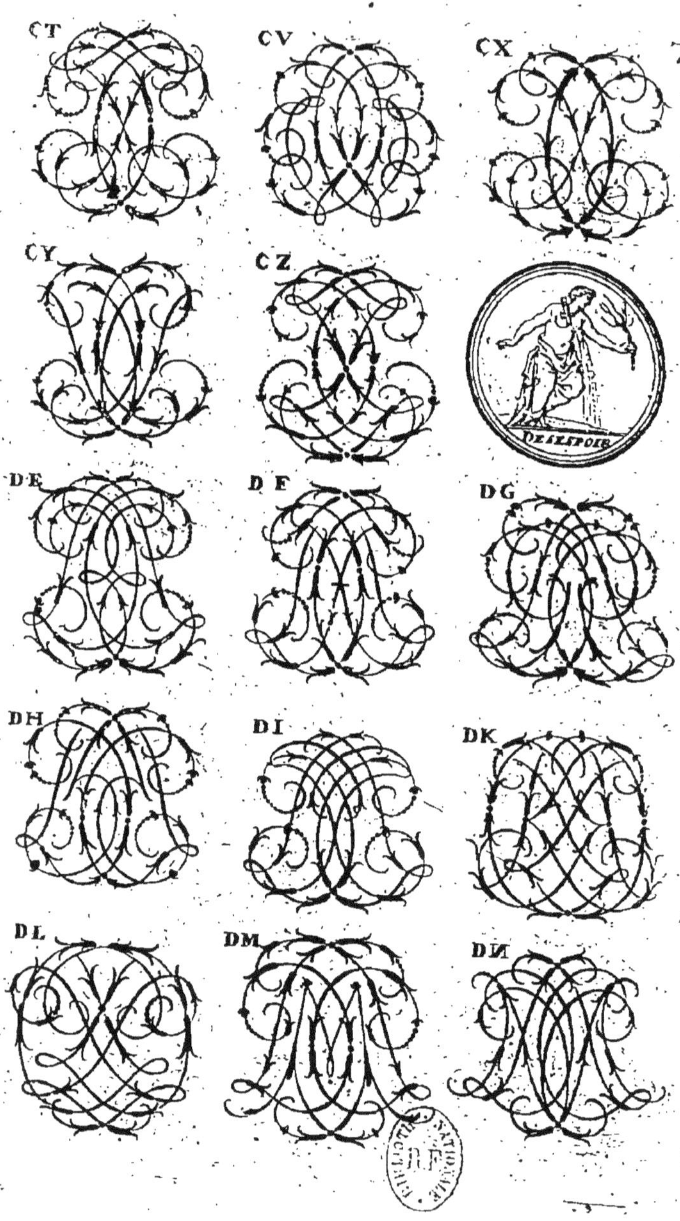

CT
CV
CX
7
CY
CZ
DESESPOIR
DE
DF
DG
DH
DI
DK
DL
DM
DN

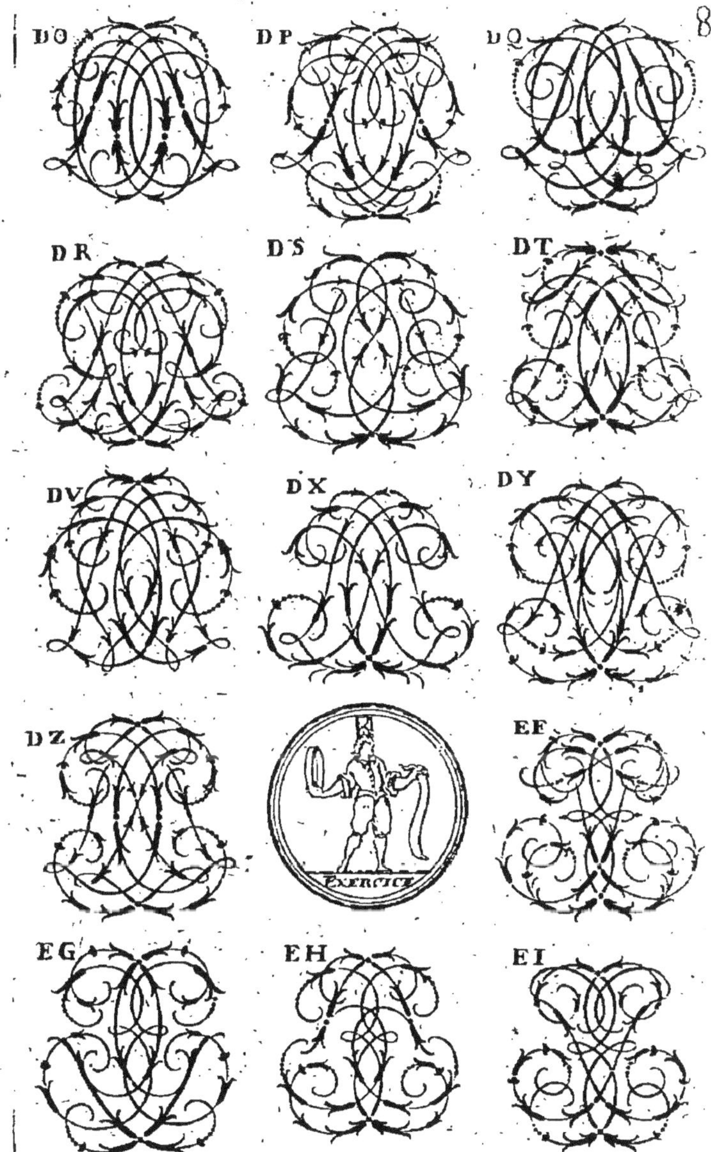
DO
DP
DQ
DR
DS
DT
DV
DX
DY
DZ
EF
EXERCICE
EG
EH
EI

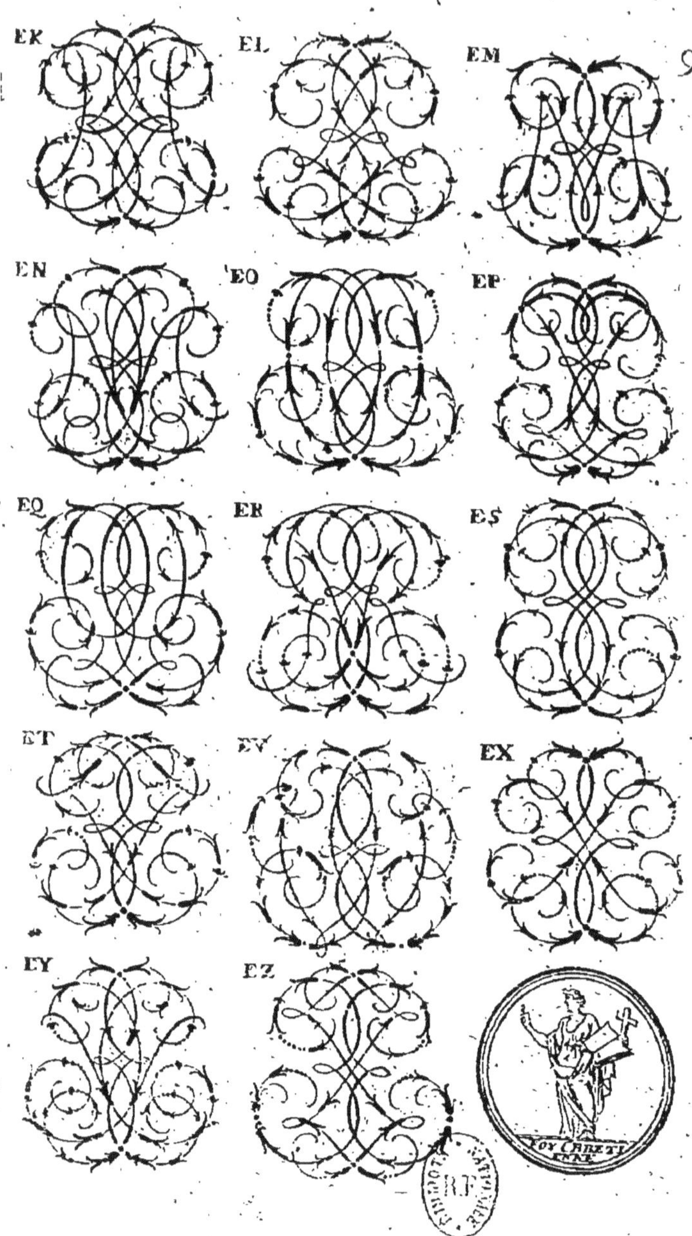

EK
EL
EM
EN
EO
EP
EQ
ER
ES
ET
EV
EX
EY
EZ

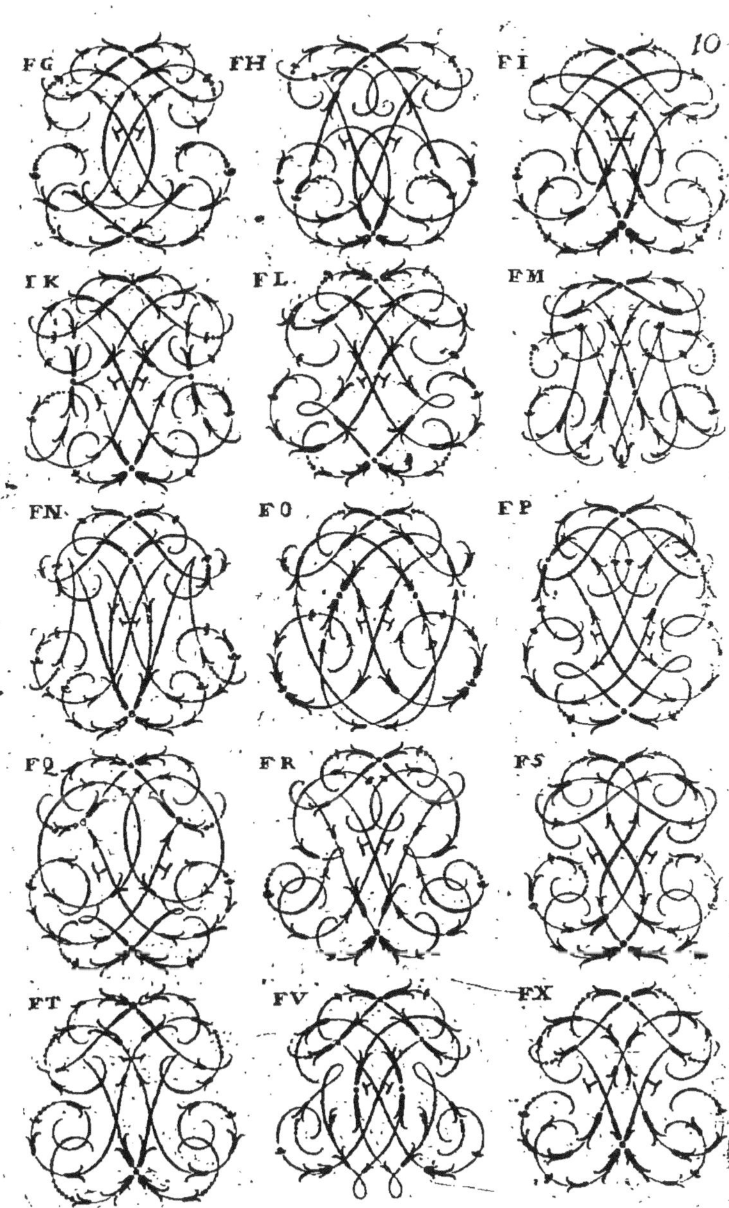

FG
FH
FI
IK
FL
FM
FN
FO
FP
FQ
FR
FS
FT
FV
FX

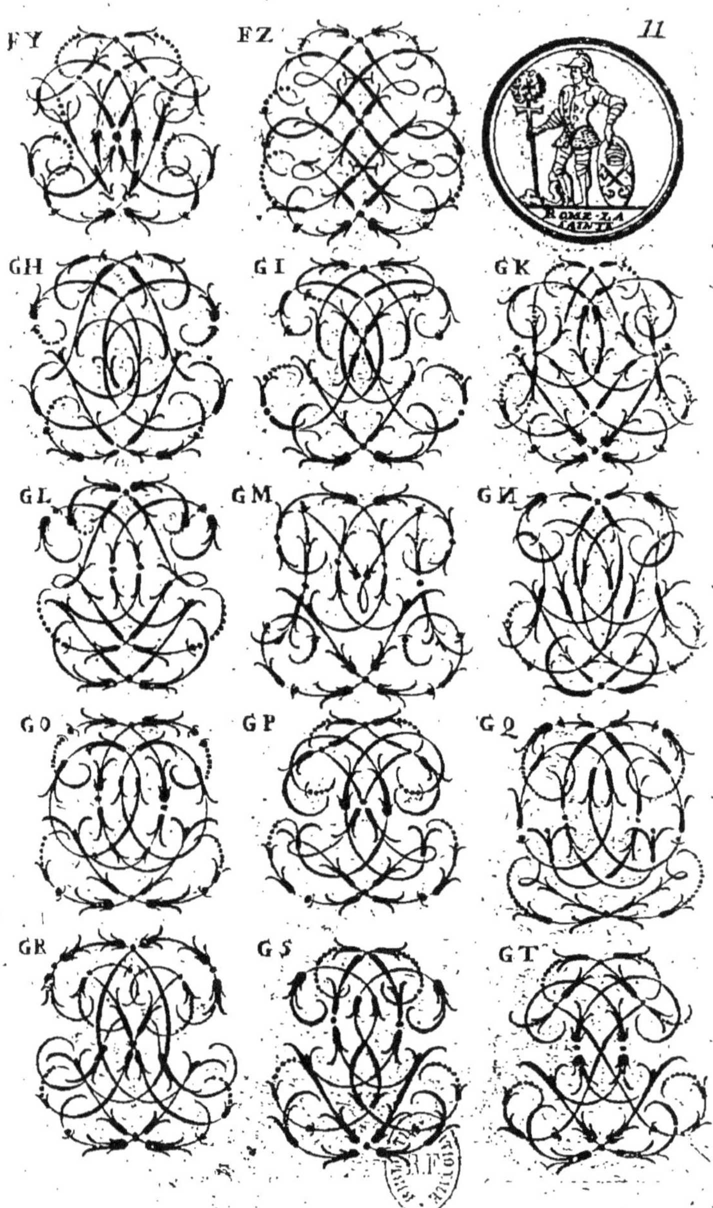

FY
FZ
11
GH
GI
GK
GL
GM
GN
GO
GP
GQ
GR
GS
GT
ROME LA
SAINTE

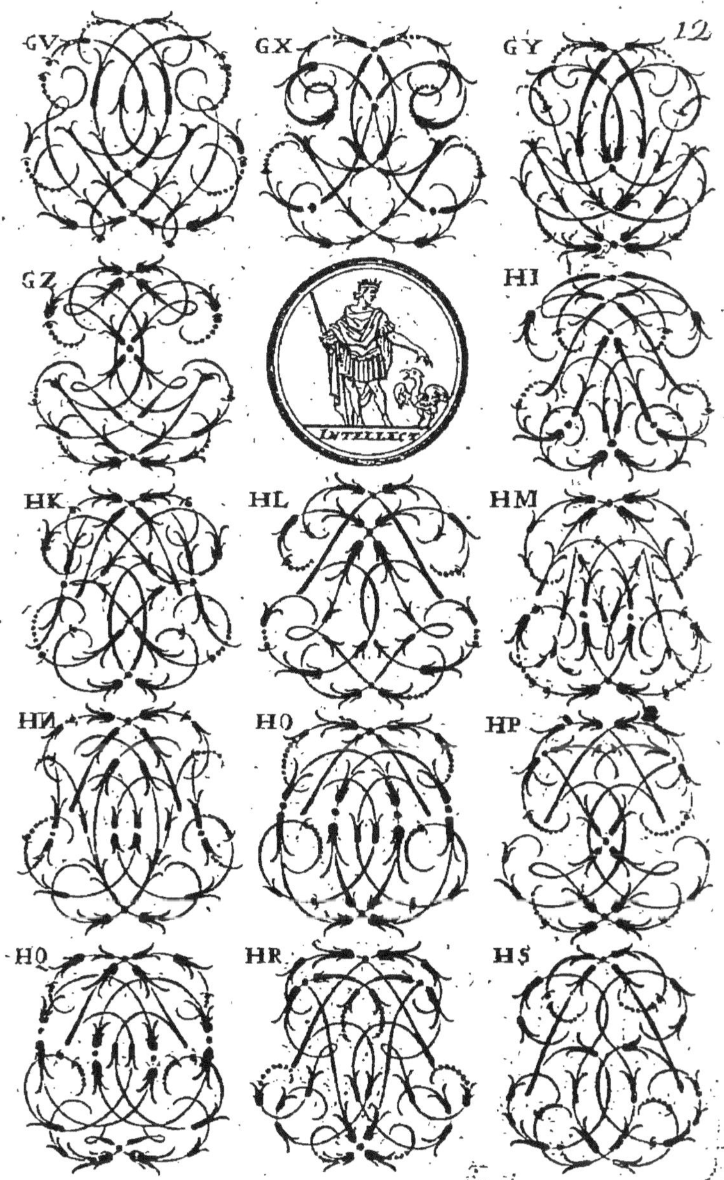

GV
GX
GY
GZ
INTELLECT
HI
HK
HL
HM
HN
HO
HP
HQ
HR
HS

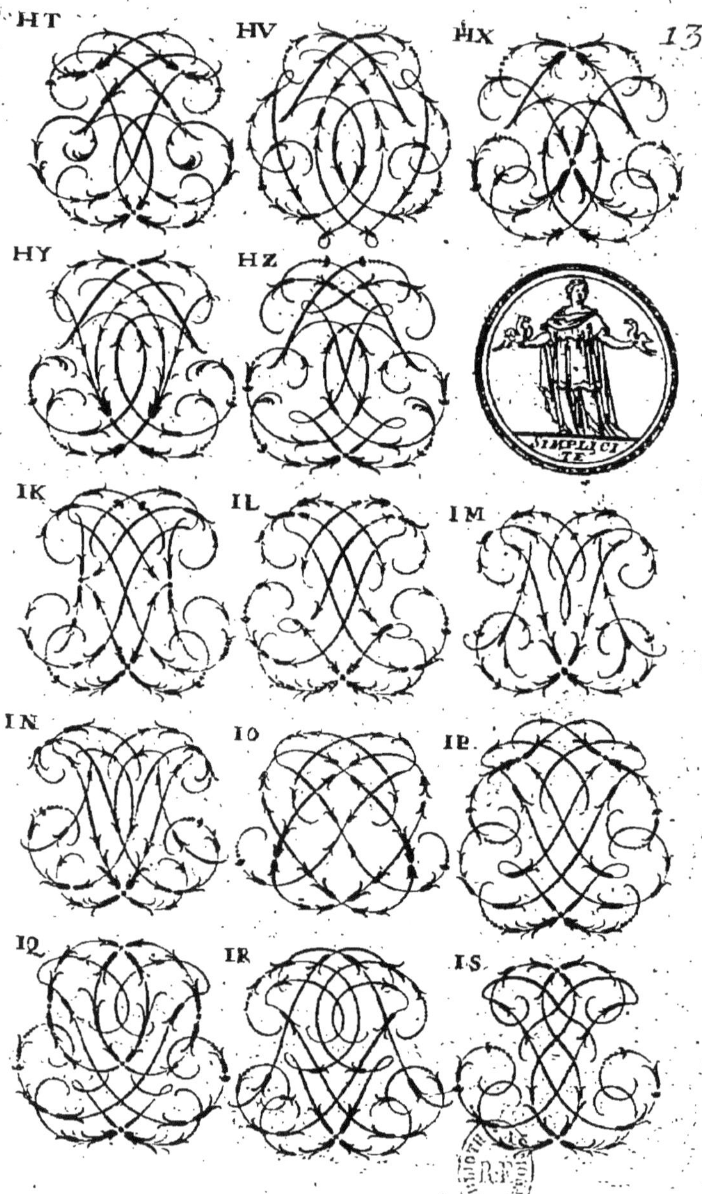

HT
HV
HX
HY
HZ
SIMPLICI
TE
IK
IL
IM
IN
IO
IP
IQ
IR
IS

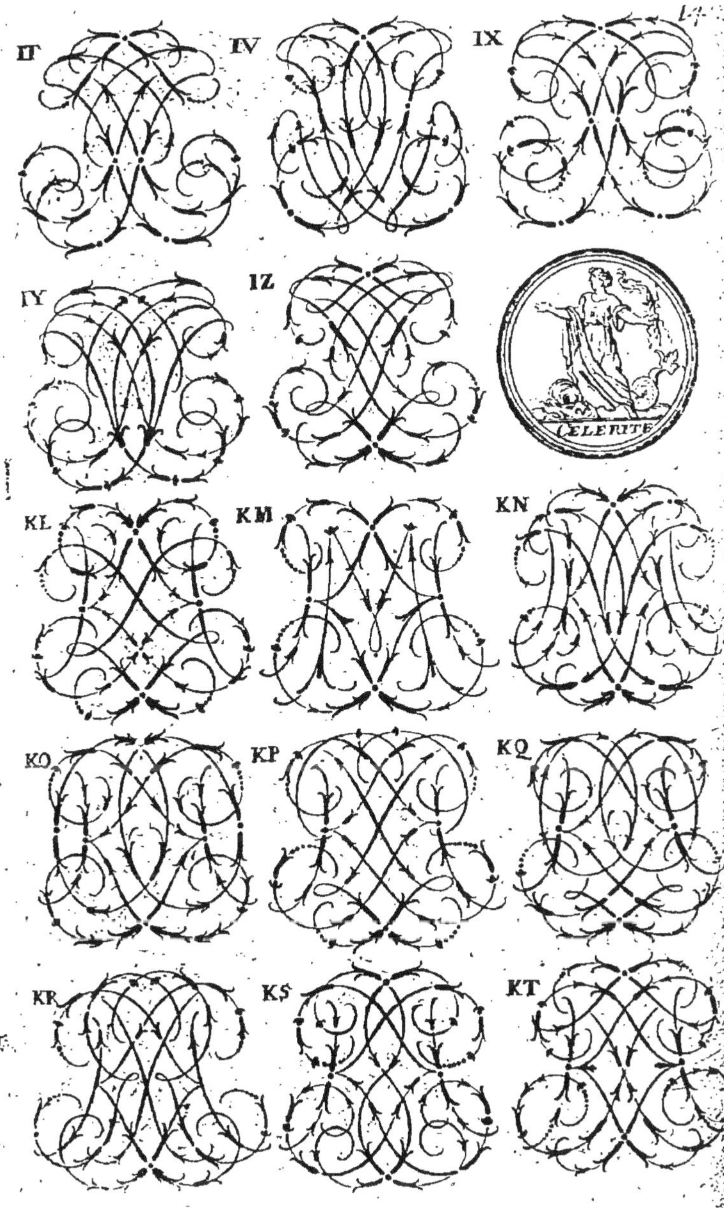
IT
IV
IX
IY
IZ
CELERITE
KL
KM
KN
KO
KP
KQ
KR
KS
KT

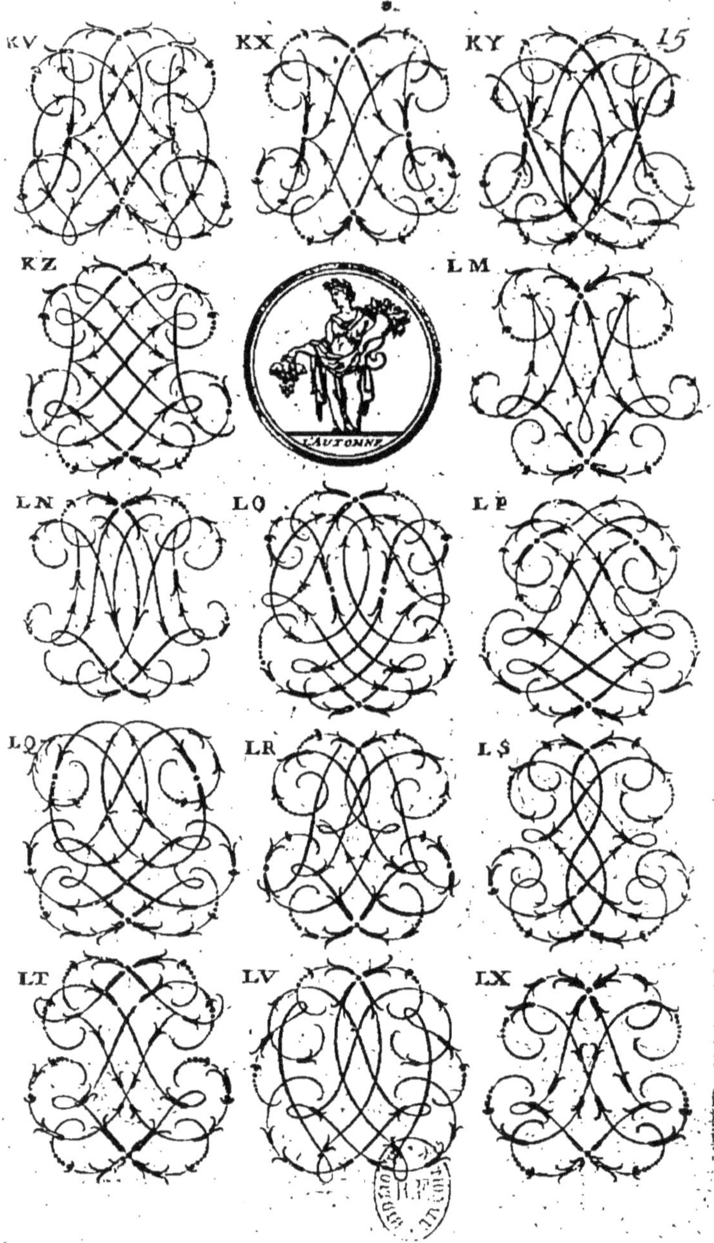

KV
KX
KY
RZ
LM
L'AUTOMNE
LN
LO
LP
LQ
LR
LS
LT
LV
LX

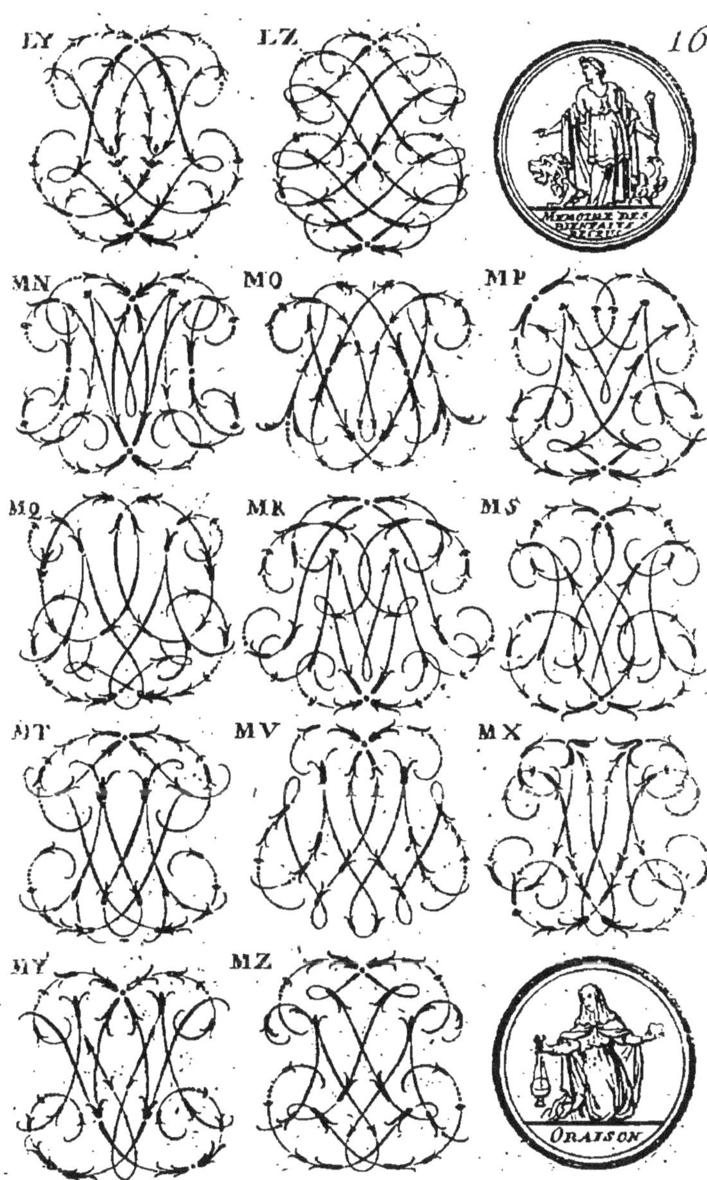
LY
LZ
16
MN
MO
MP
MQ
MR
MS
MT
MV
MX
MY
MZ
MÉMOIRE DES BIENFAITS REÇUS
ORAISON

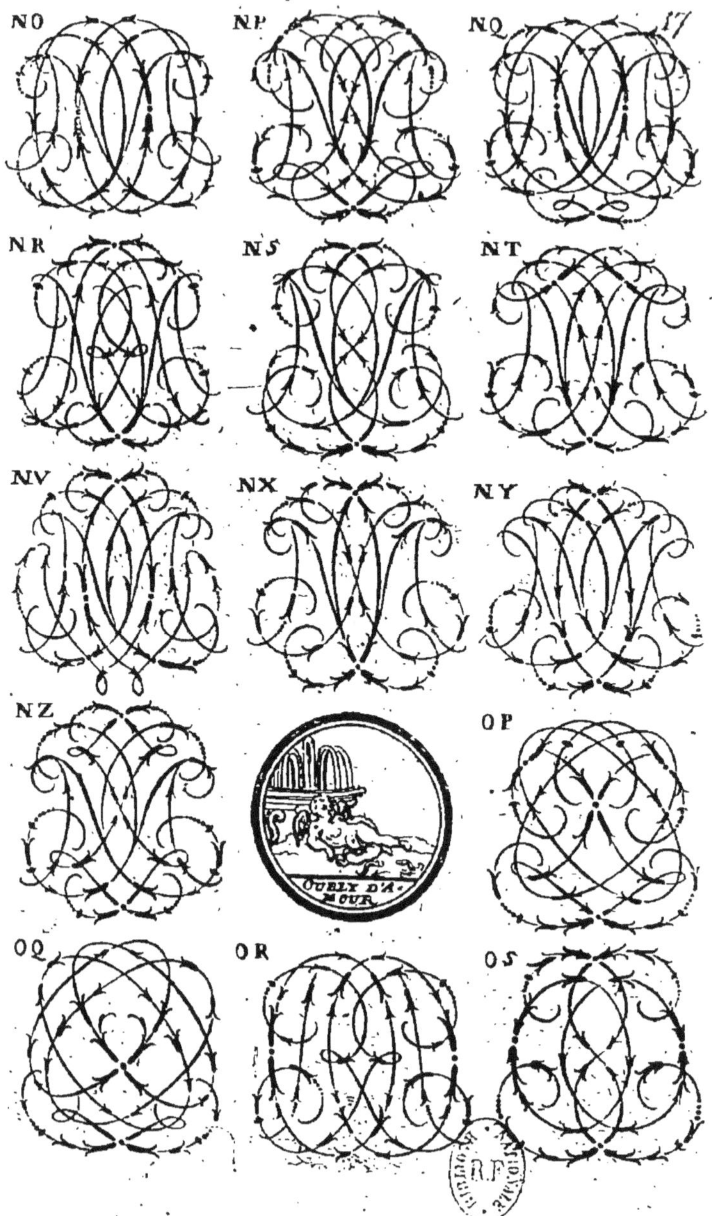

NO
NP
NQ
NR
NS
NT
NV
NX
NY
NZ
OP
OUBLY D'A-
MOUR
OQ
OR
OS

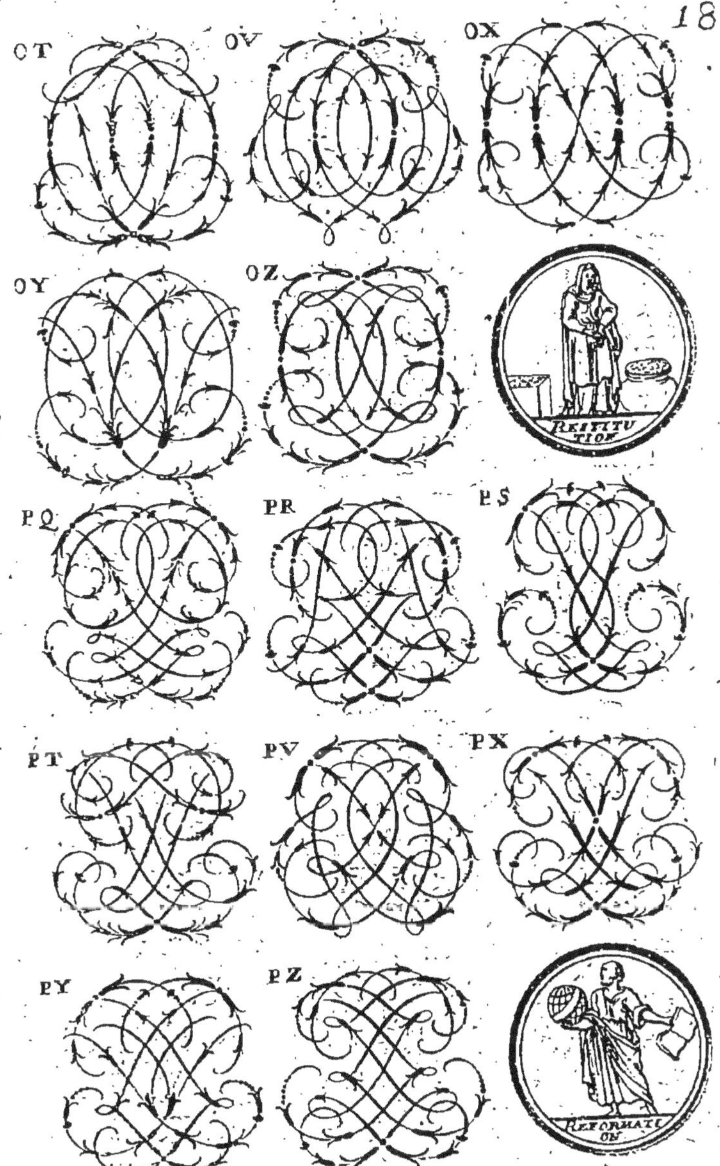
OT
OV
OX
OY
OZ
RESTITU
TION
PQ
PR
PS
PT
PV
PX
PY
PZ
REFORMATI
ON

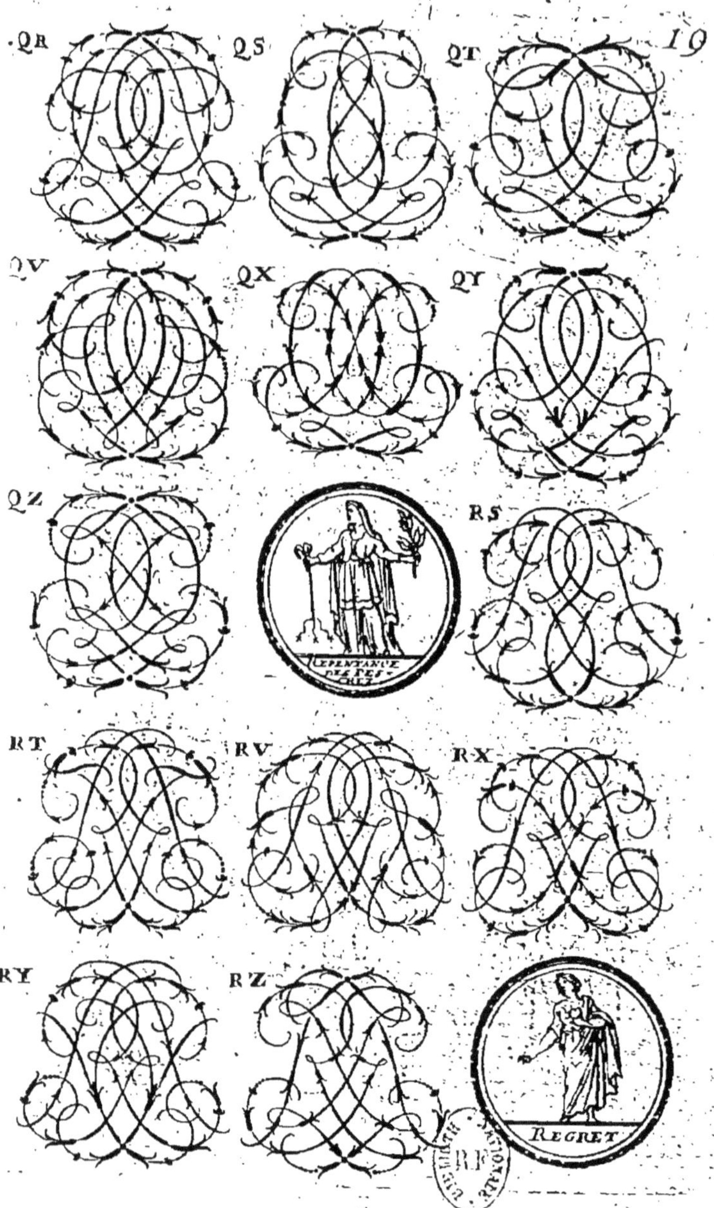

QR
QS
QT
QV
QX
QY
QZ
RS
RT
RV
RX
RY
RZ
REGRET

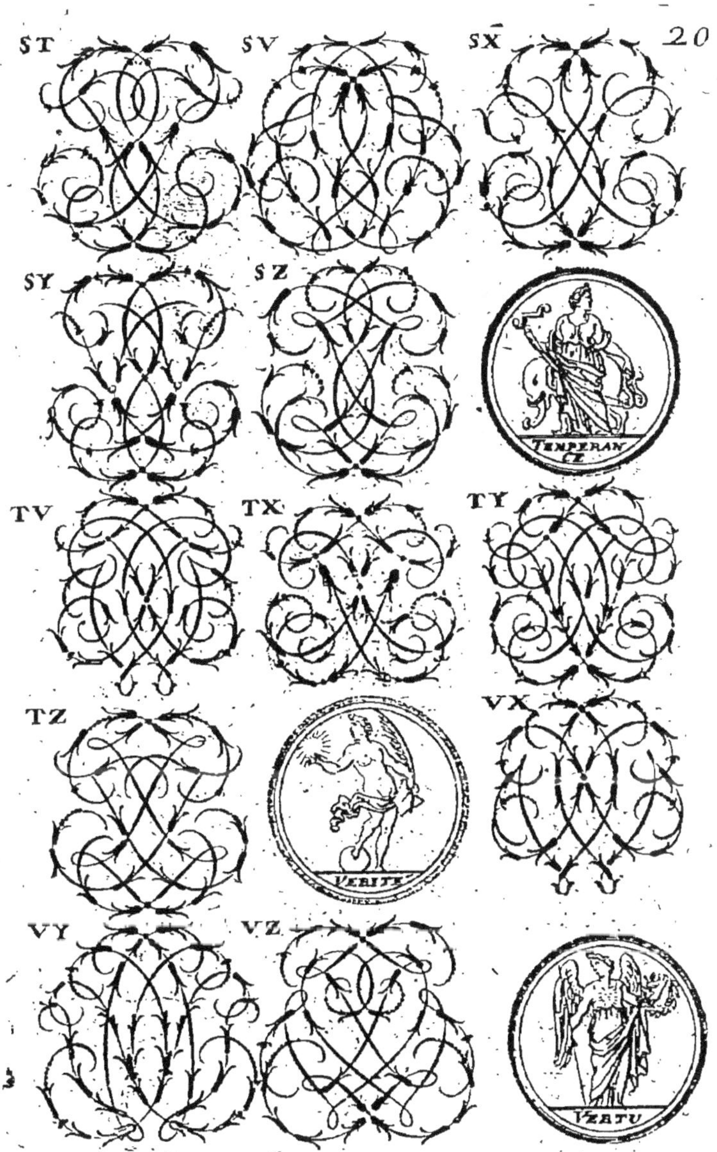
ST
SV
SX
SY
SZ
TEMPERAN
CE
TV
TX
TY
TZ
VX
VERITE
VY
VZ

XY
XZ
Z
YZ
L'AIR
LE PRINTEMPS
L'EAU
ARISTOCRATIE
L'ESTE
LA TERRE
DEMOCRATIE
L'AUTOMNE
LE FEU
MONARCHIE
L'HYVER

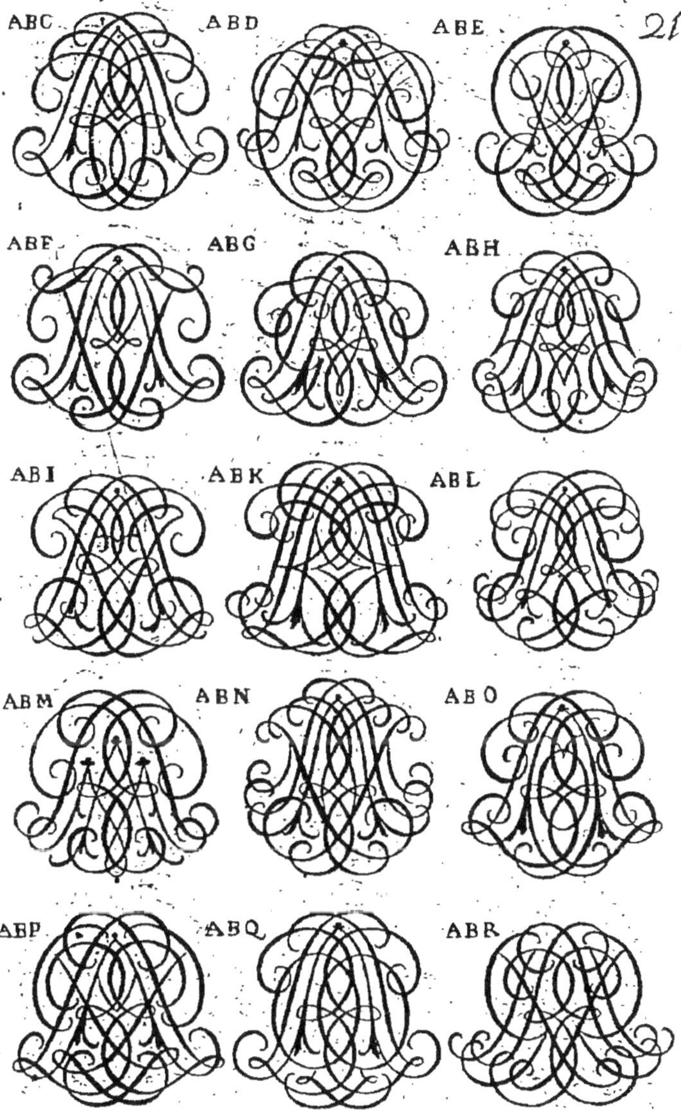

ABC
ABD
ABE
ABF
ABG
ABH
ABI
ABK
ABL
ABM
ABN
ABO
ABP
ABQ
ABR

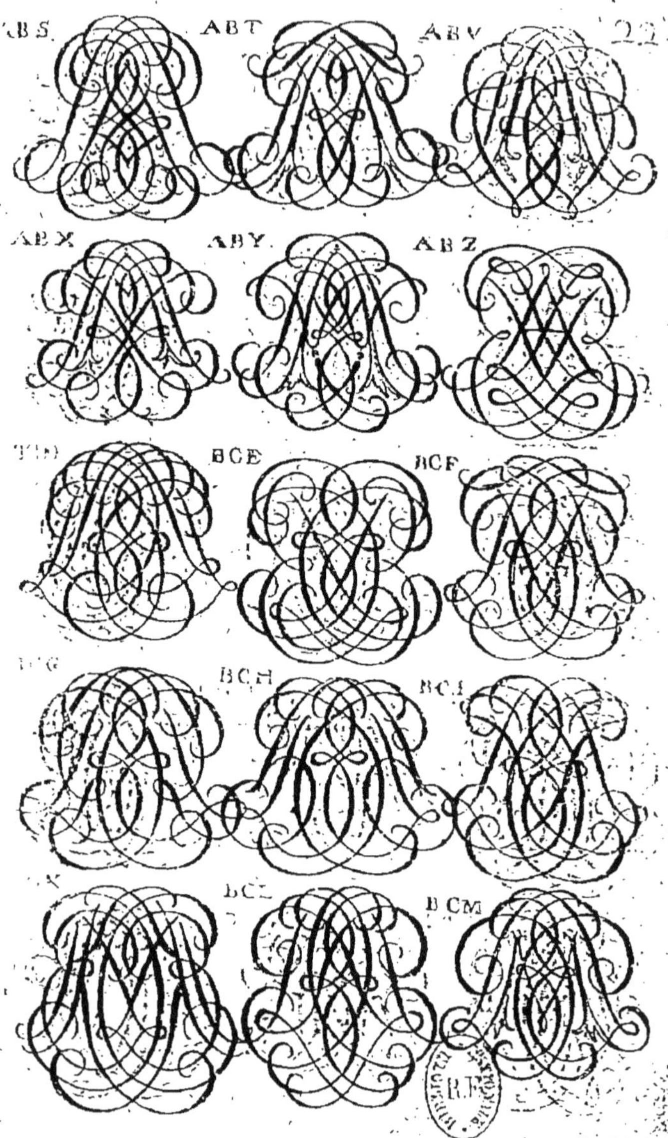

ABS
ABT
ABV
22
ABX
ABY
ABZ
BCD
BCE
BCF
BCG
BCH
BCI
BCK
BCL
BCM

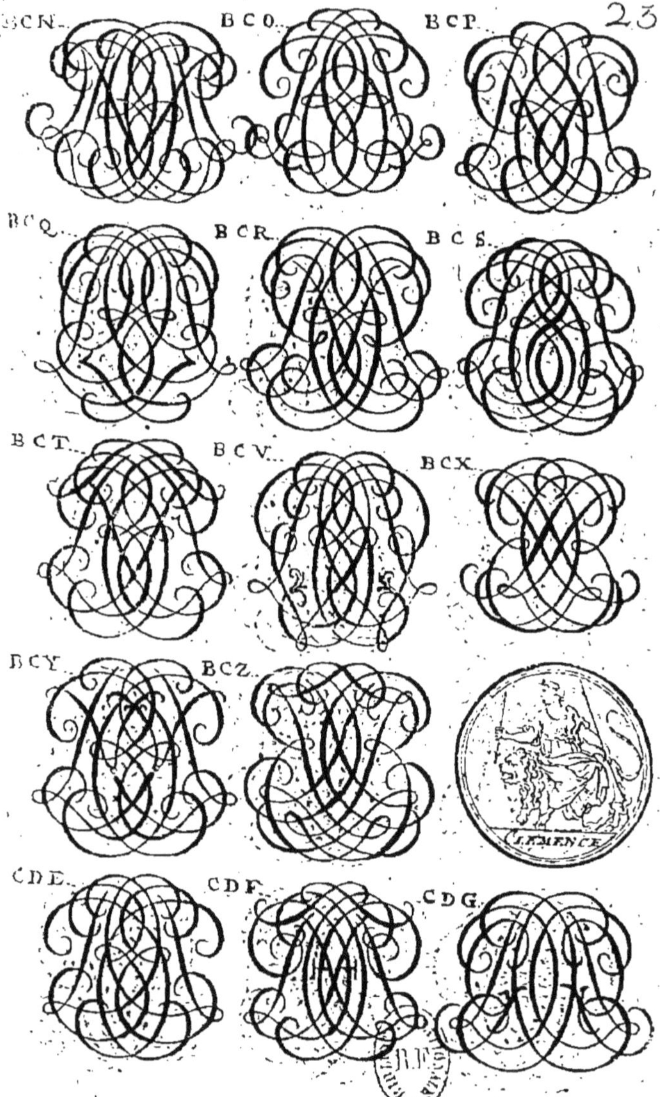
BCN
BCO
BCP
BCQ
BCR
BCS
BCT
BCV
BCX
BCY
BCZ
CDE
CDF
CDG
CLEMENCE

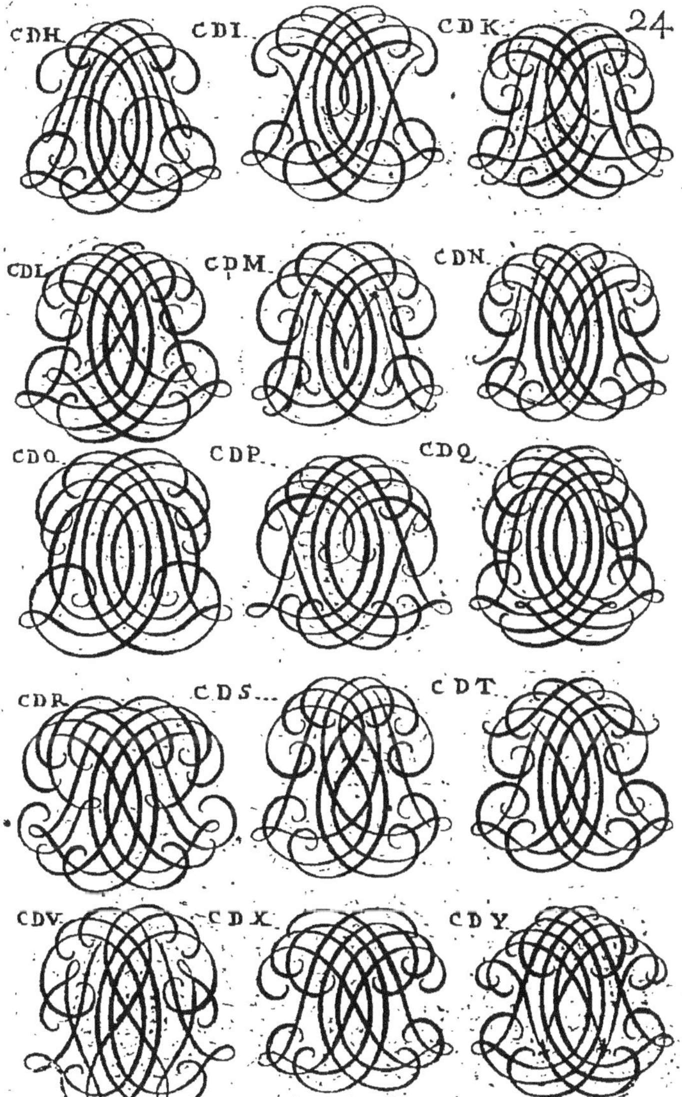
CDH
CDI
CDK
CDL
CDM
CDN
CDO
CDP
CDQ
CDR
CDS
CDT
CDV
CDX
CDY

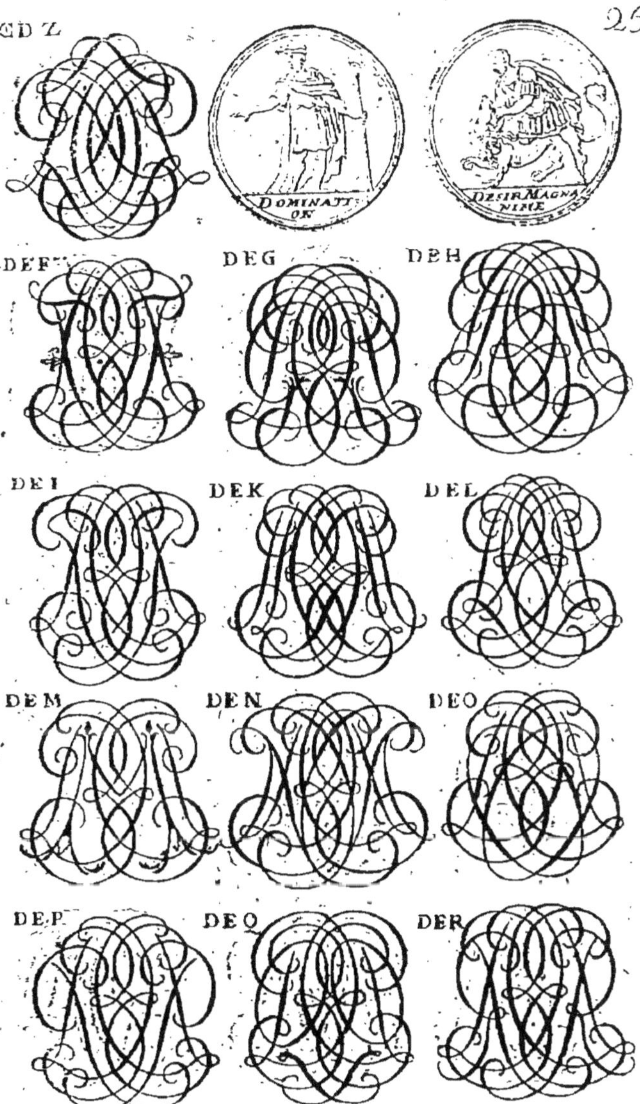

CDZ
DOMINATI OK
DESIR MAGNANIME
DEF   DEG   DEH
DEI   DEK   DEL
DEM   DEN   DEO
DEP   DEQ   DER

DES.
DET.
DEV.
DEX.
DEY.
DEZ.
ETERNITÉ
ESTUDE
FORCE DAM
EFG.
EFH.
EFI.
EFK.
EFL.
EFM.

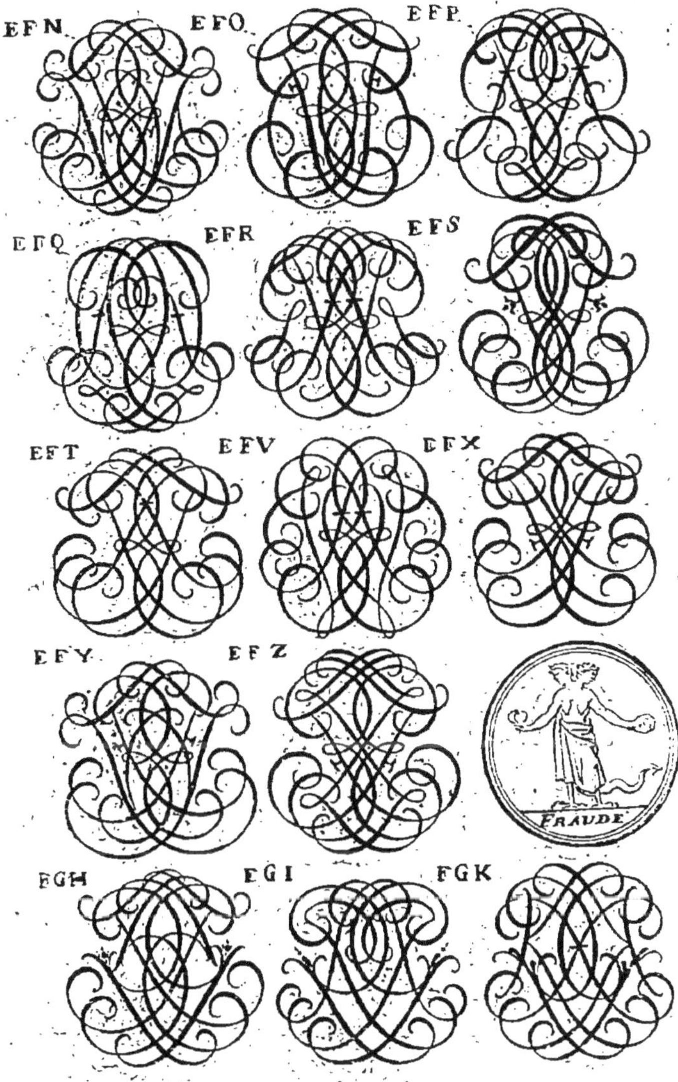

EFN
EFO
EFP
EFQ
EFR
EFS
EFT
EFV
EFX
EFY
EFZ
FRAUDE
FGH
FGI
FGK

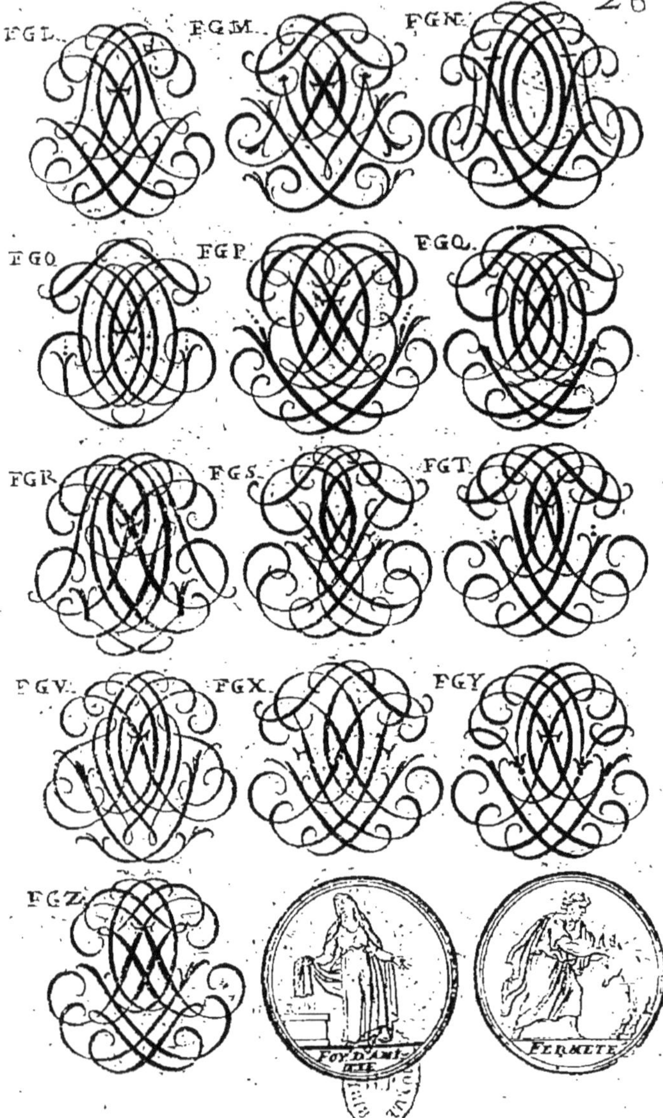
FGL.
FGM.
FGN.
FGO.
FGP.
FGQ.
FGR.
FGS.
FGT.
FGV.
FGX.
FGY.
FGZ.
FOY D'AMI-
TIE
FERMETE

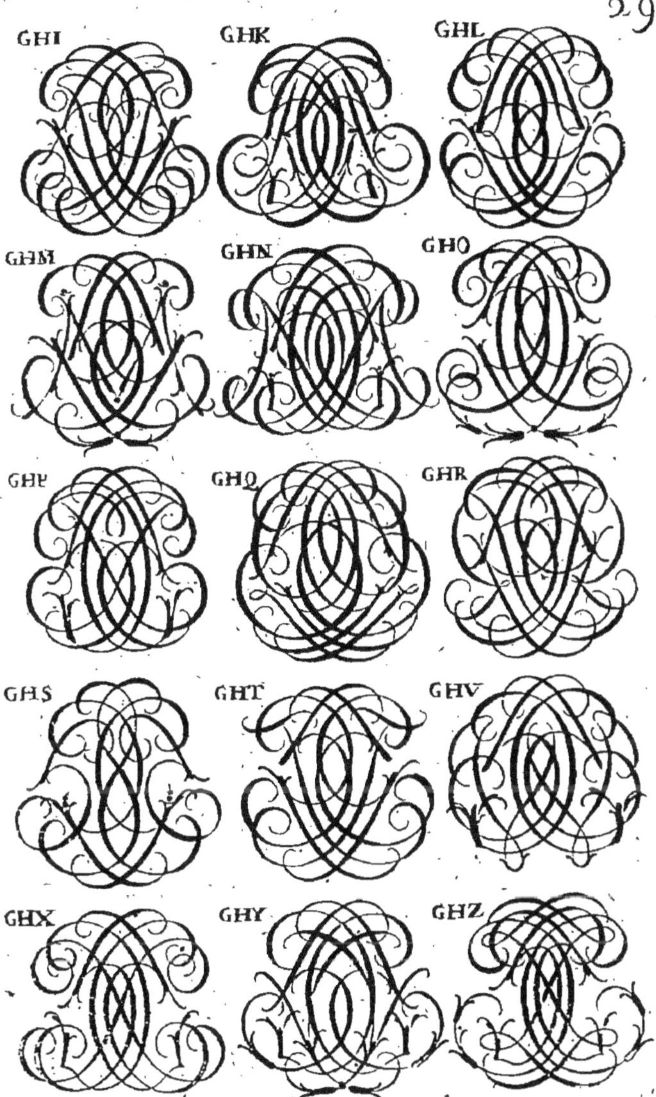

GHI
GHK
GHL
GHM
GHN
GHO
GHP
GHQ
GHR
GHS
GHT
GHV
GHX
GHY
GHZ

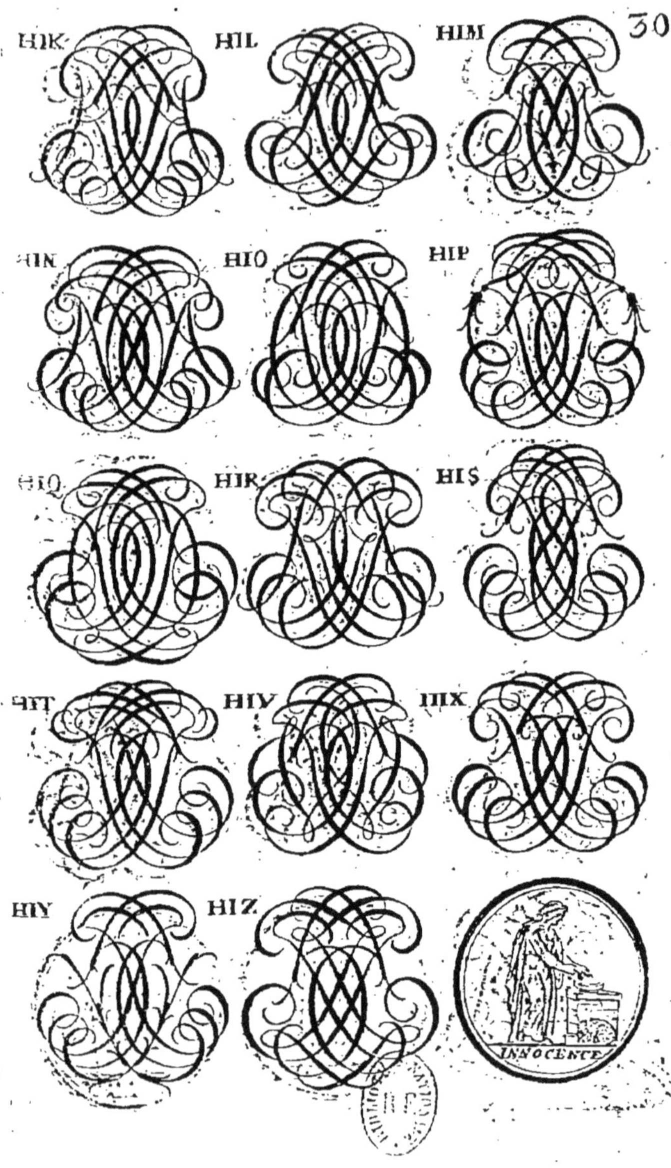
HIK
HIL
HIM
HIN
HIO
HIP
HIQ
HIR
HIS
HIT
HIV
HIX
HIY
HIZ
INNOCENCE

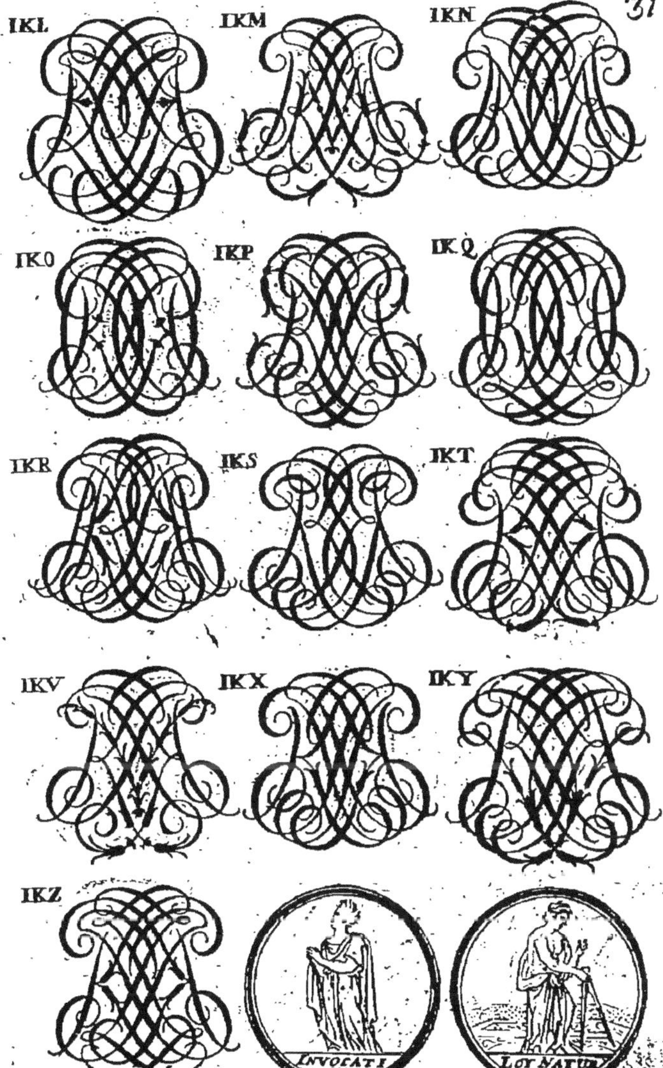
IKL
IKM
IKN
IKO
IKP
IKQ
IKR
IKS
IKT
IKV
IKX
IKY
IKZ
INVIOLATION
LOY NATURELLE

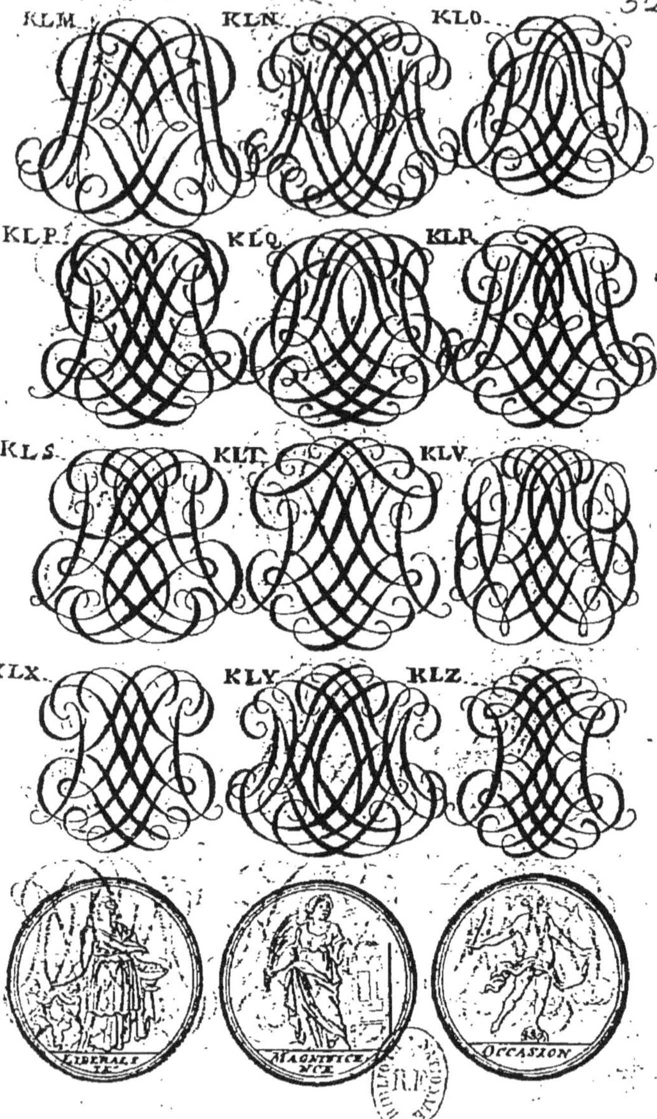

KLM KLN KLO
KLP KLQ KLR
KLS KLT KLV
KLX KLY KLZ
LIBERALITE
MAGNIFICENCE
OCCASION

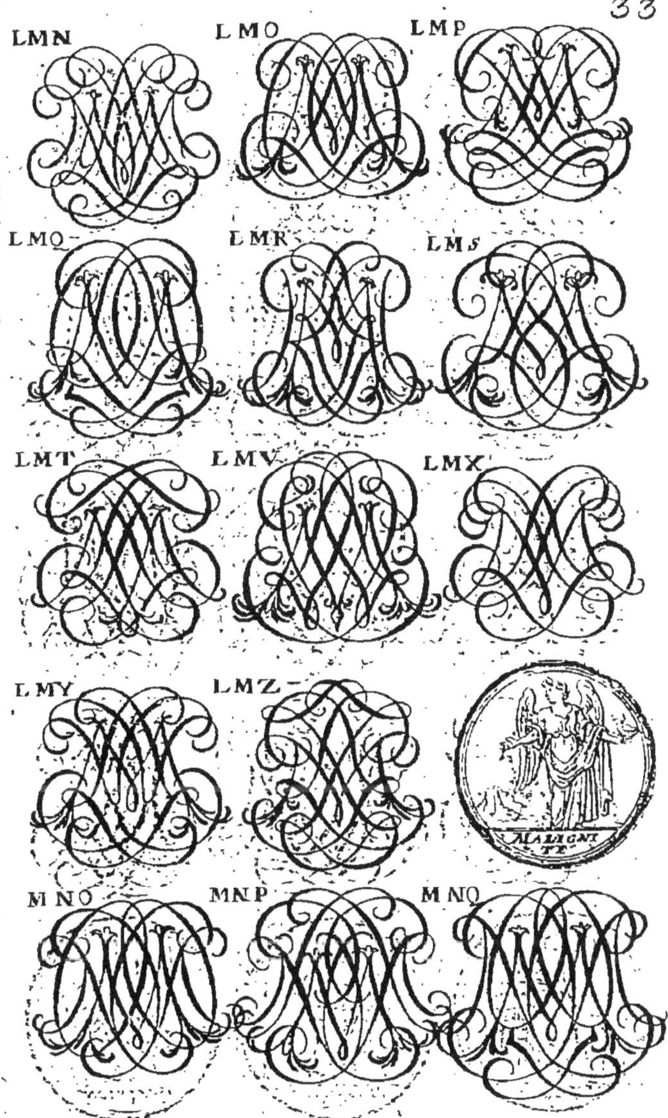

LMN
LMO
LMP
LMQ
LMR
LMS
LMT
LMV
LMX
LMY
LMZ
MALIGNI TE
MNO
MNP
MNQ

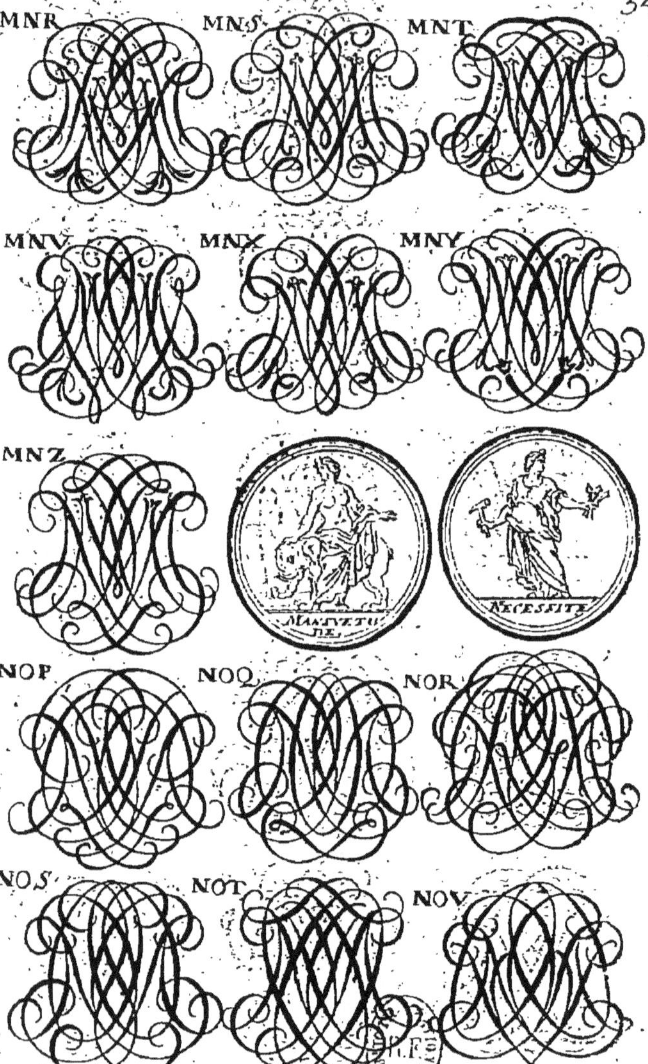

MNR
MNS
MNT
MNV
MNX
MNY
MNZ
MANSVETV DINE
NECESSITE
NOP
NOQ
NOR
NOS
NOT
NOV

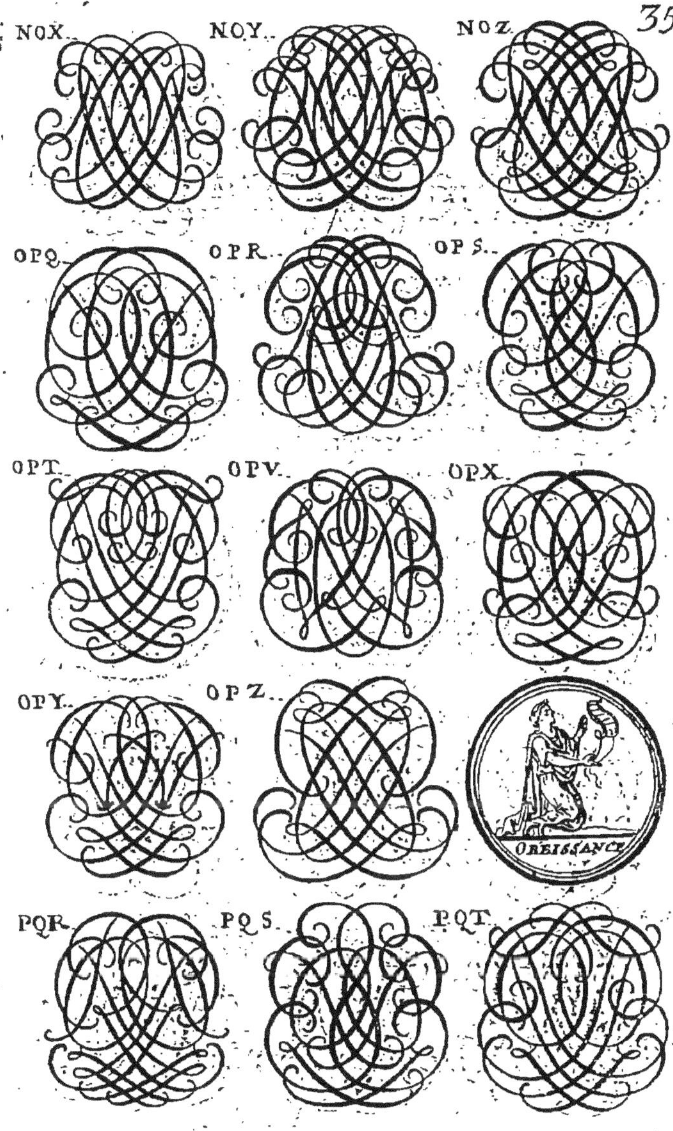

NOX
NOY
NOZ
OPQ
OPR
OPS
OPT
OPV
OPX
OPY
OPZ
PQR
PQS
PQT
OBEISSANCE

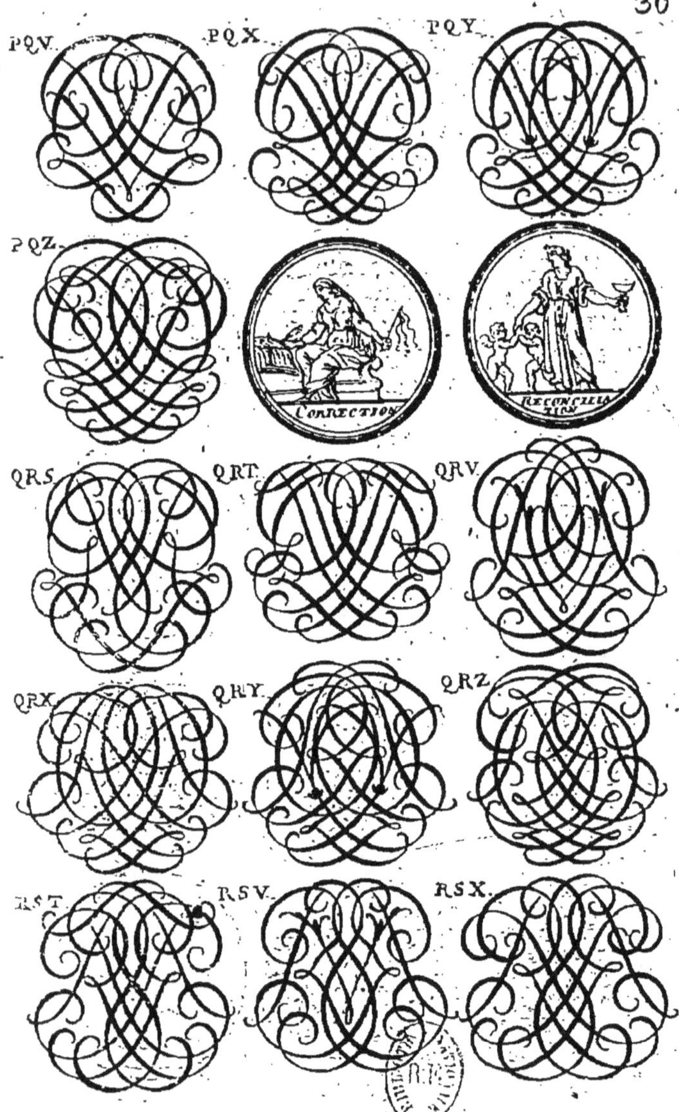

PQV
PQX
PQY
PQZ
CORRECTION
RECONCILIATION
QRS
QRT
QRV
QRX
QRY
QRZ
RST
RSV
RSX

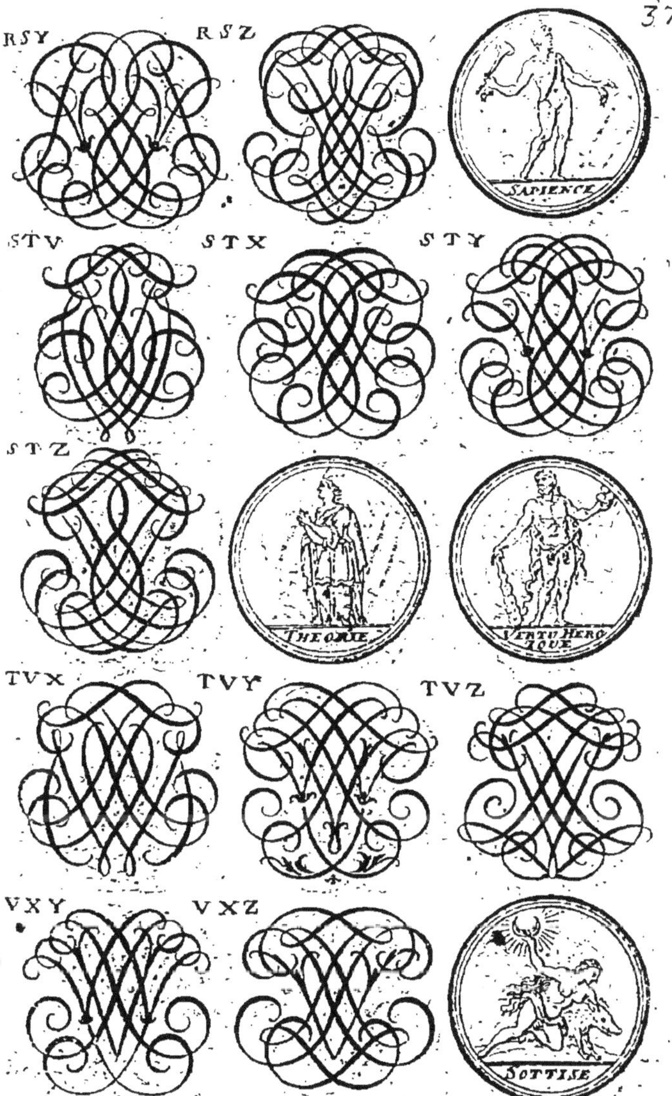
RSY
RSZ
SAPIENCE
STV
STX
STY
STZ
THEORIE
VERTU HEROIQUE
TVX
TVY
TVZ
VXY
VXZ
SOTTISE

XYZ

YZA

ACD

ACE

ACF

ACG

ACH

ACI

ACK

ACL

ACM

ACN

ACO

ACP

ACQ. ACR. ACS.

ACT. ACV. ACX.

ACY. ACZ.

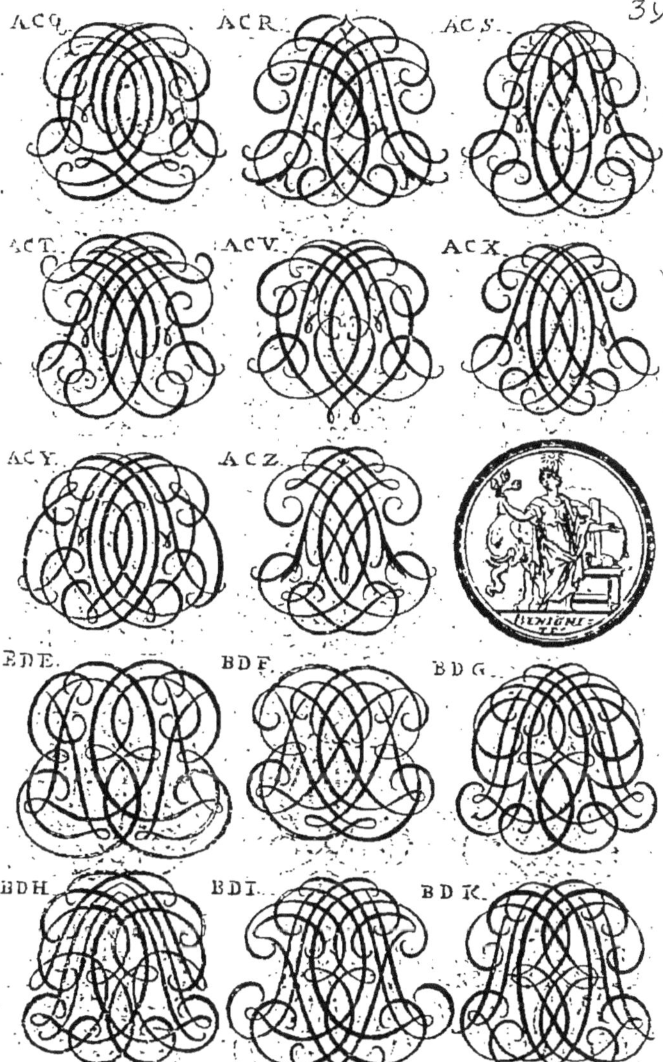

BDE. BDF. BDG.

BDH. BDI. BDK.

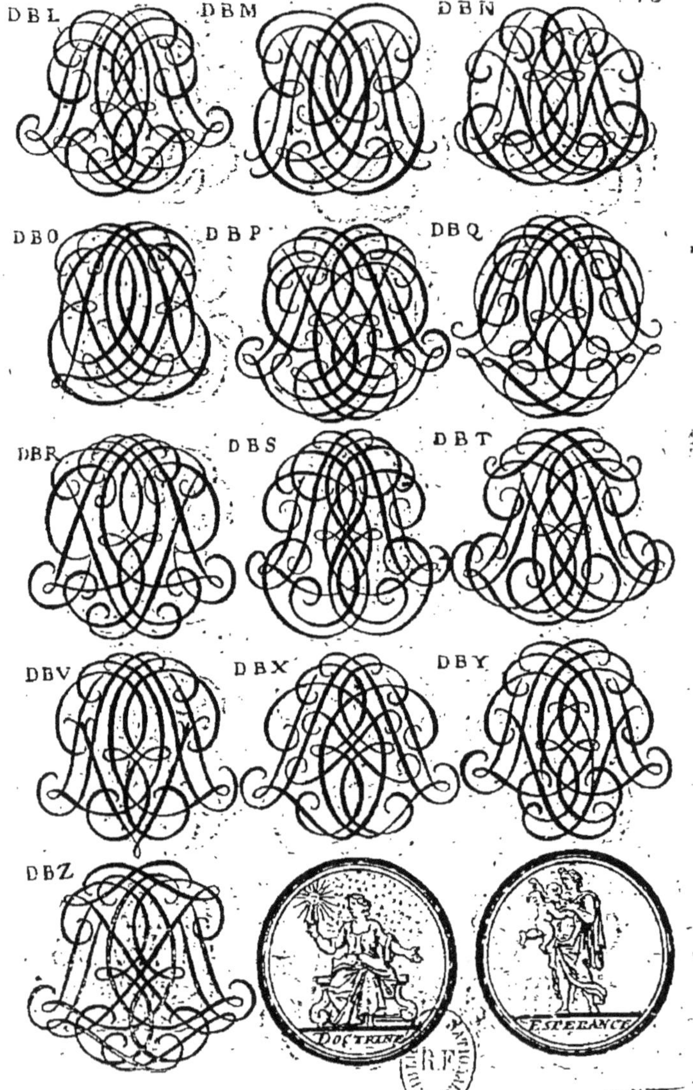

DBL
DBM
DBN
DBO
DBP
DBQ
DBR
DBS
DBT
DBV
DBX
DBY
DBZ
DOCTRINE
ESPERANCE

CEF
CEG
CEH
CEI
CEK
CEL
CEM
CEN
CEO
CEP
CEQ
CER
CES
CET
CEV

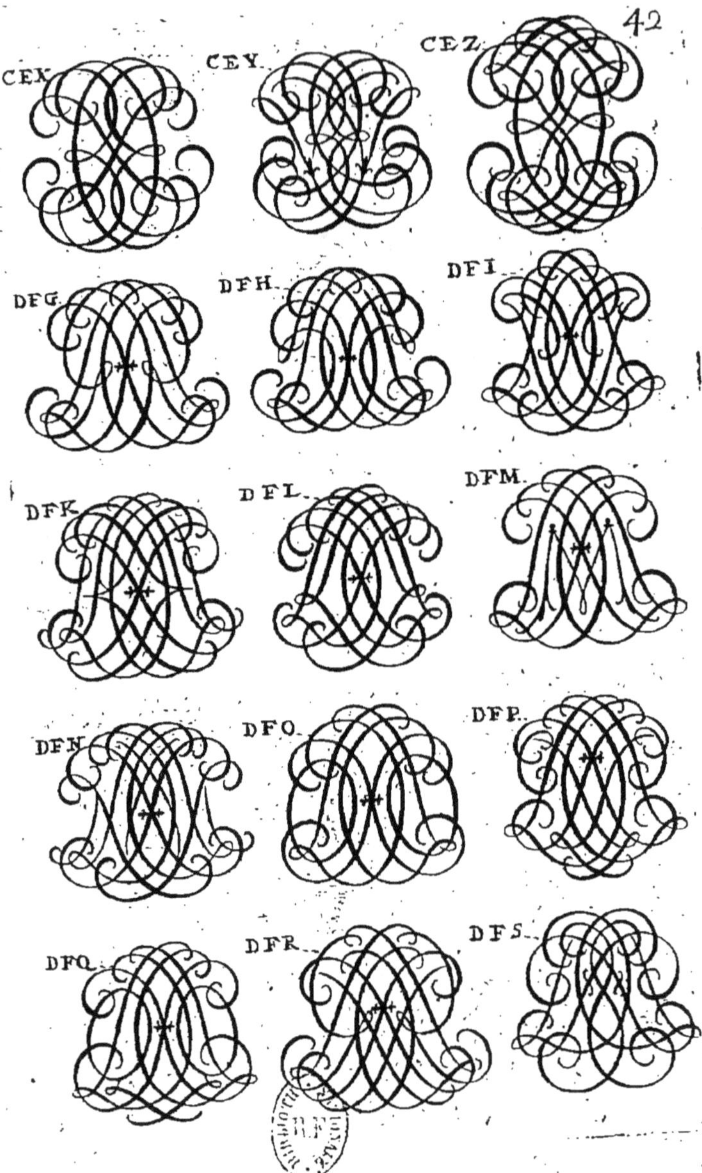
CEX
CEY
CEZ
DFG
DFH
DFI
DFK
DFL
DFM
DFN
DFO
DFP
DFQ
DFR
DFS

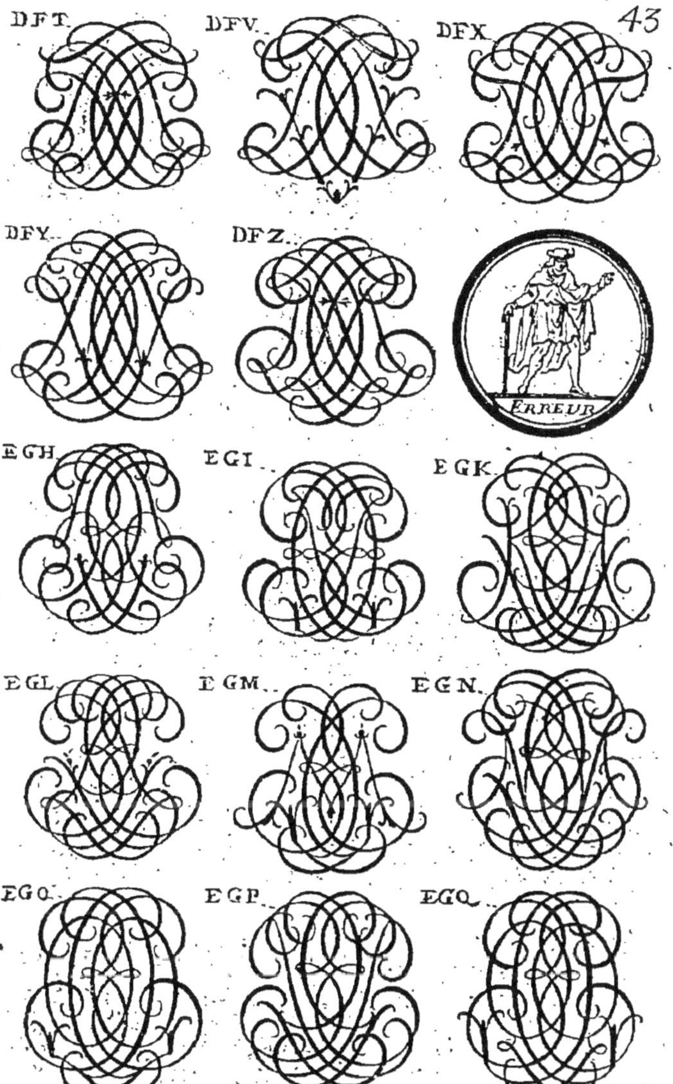
DFT
DFV
DFX
DFY
DFZ
ERREUR
EGH
EGI
EGK
EGL
EGM
EGN
EGO
EGP
EGQ

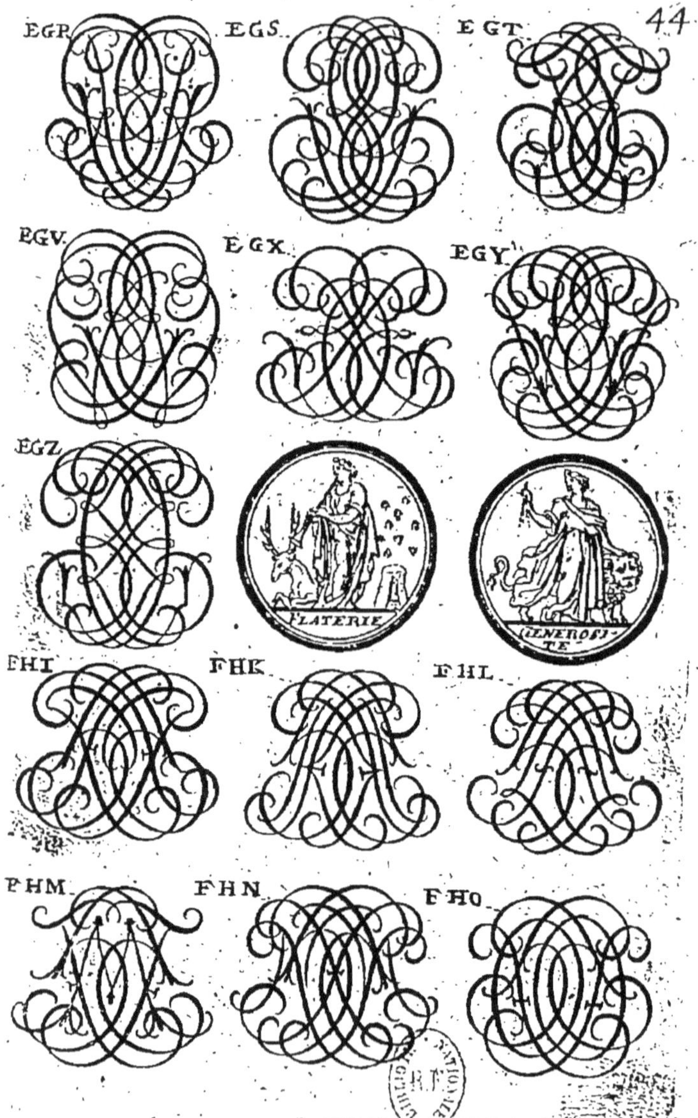
EGR
EGS
EGT
EGV
EGX
EGY
EGZ
PLATERIE
GENEROSI-
TE
FHI
FHK
FHL
FHM
FHN
FHO

FHP FHQ  FHR

FHS  FHT  FHV

FHX  FHY  FHZ

GIK  GIL  GIM

GIN  GIO  GIP

GIQ
GIR
GIS
GIT
GIV
GIX
GIY
GIZ
HVMILITE
HKL
HKM
HKN
HKO
HKP
HKQ

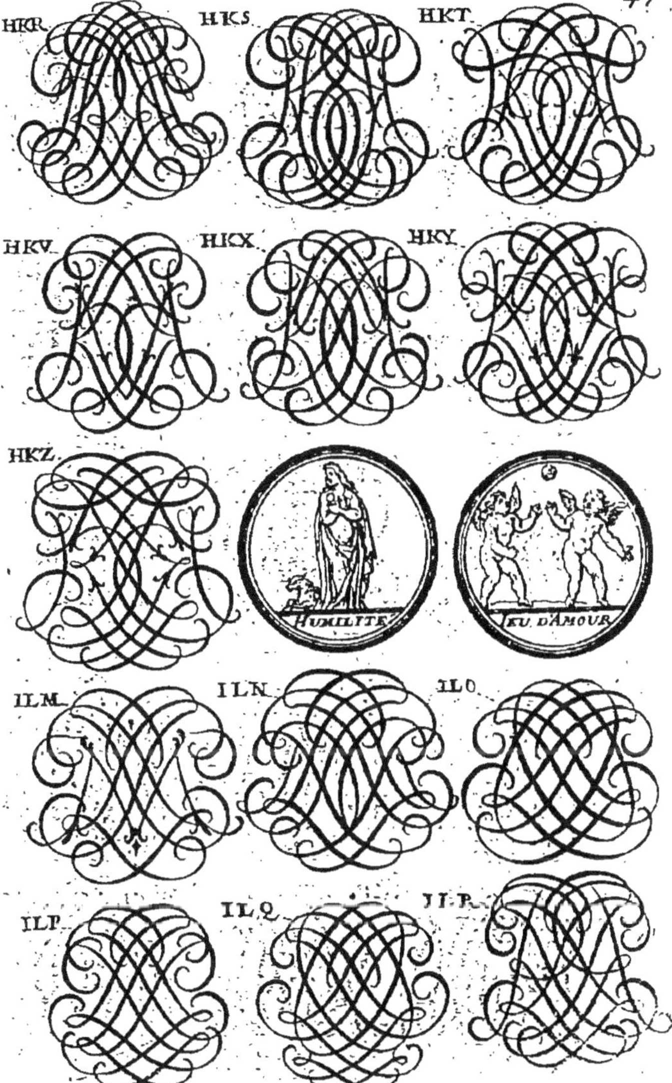

HKR
HKS
HKT
HKV
HKX
HKY
HKZ
HUMILITÉ
JEU D'AMOUR
ILM
ILN
ILO
ILP
ILQ
ILR

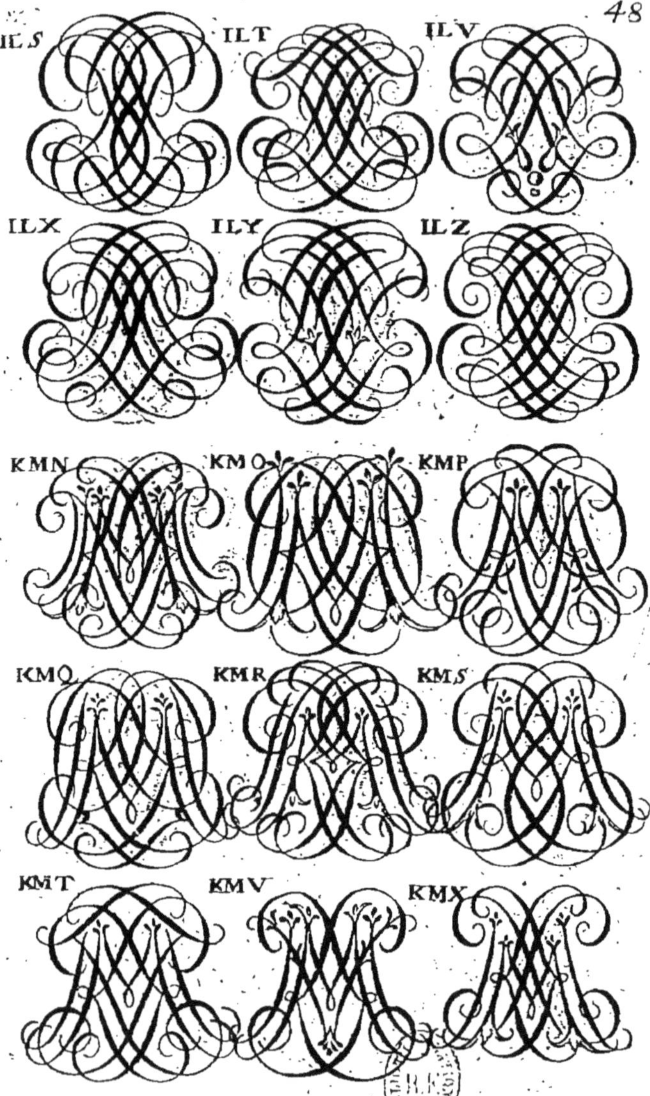
ILS ILT ILV
ILX ILY ILZ
KMN KMO KMP
KMQ KMR KMS
KMT KMV KMX

KMY
KMZ
LOUANGE
LNO
LNP
LNQ
LNR
LNS
LNT
LNV
LNX
LNY
LNZ
LASSITUDE
MEMOIRE

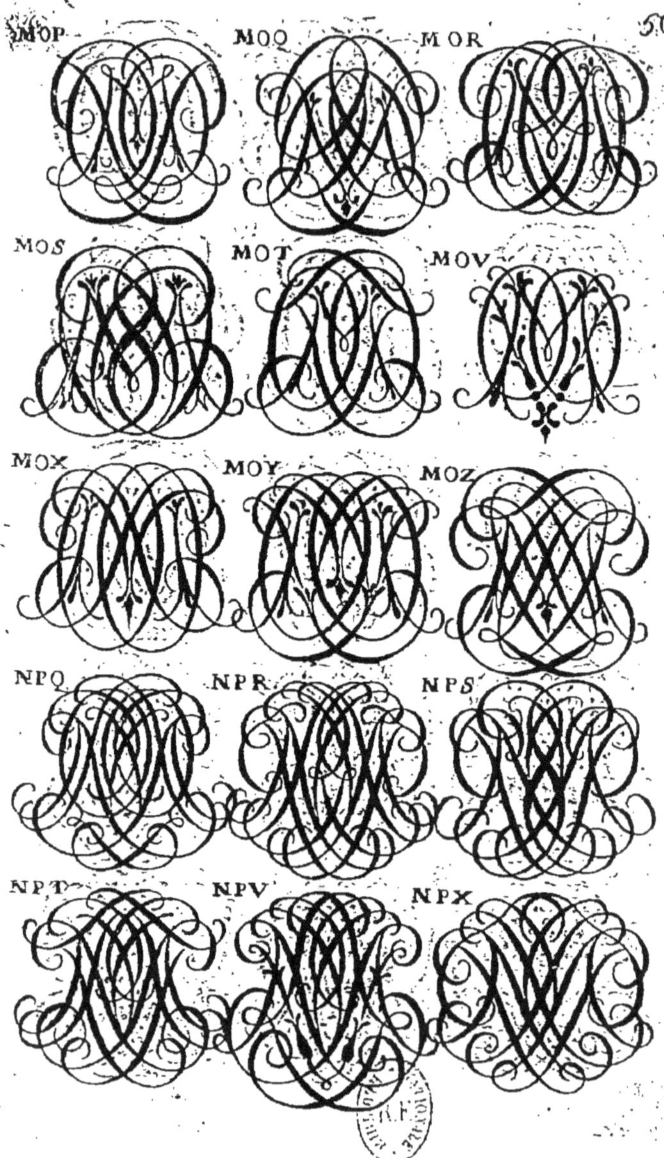
MOP
MOQ
MOR
MOS
MOT
MOV
MOX
MOY
MOZ
NPQ
NPR
NPS
NPT
NPV
NPX

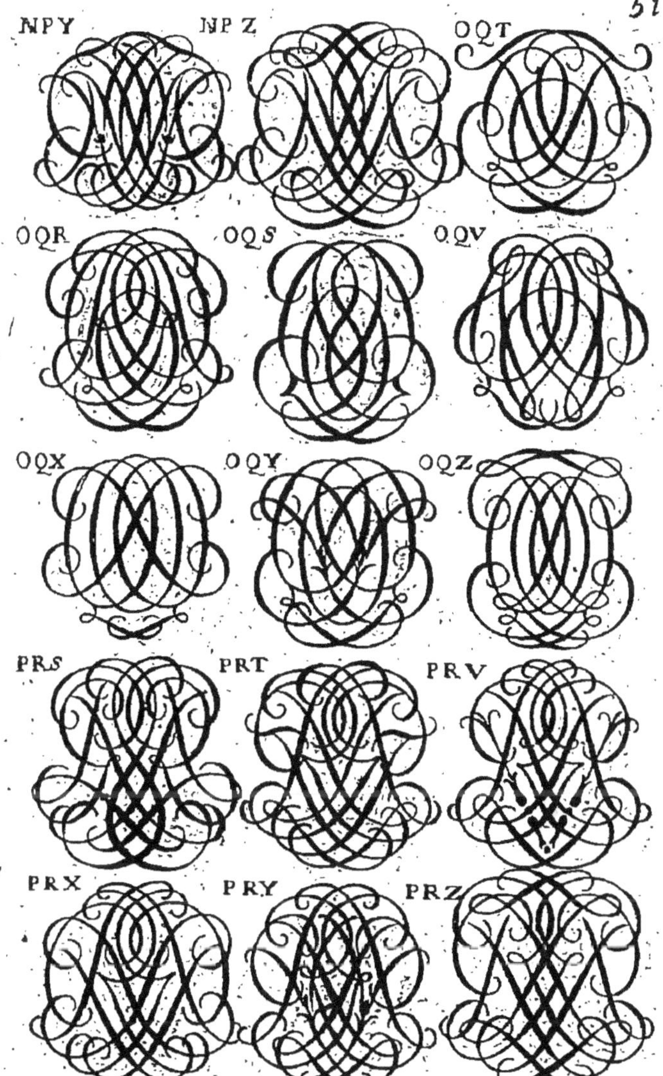

NPY
NPZ
OQT
OQR
OQS
OQV
OQX
OQY
OQZ
PRS
PRT
PRV
PRX
PRY
PRZ

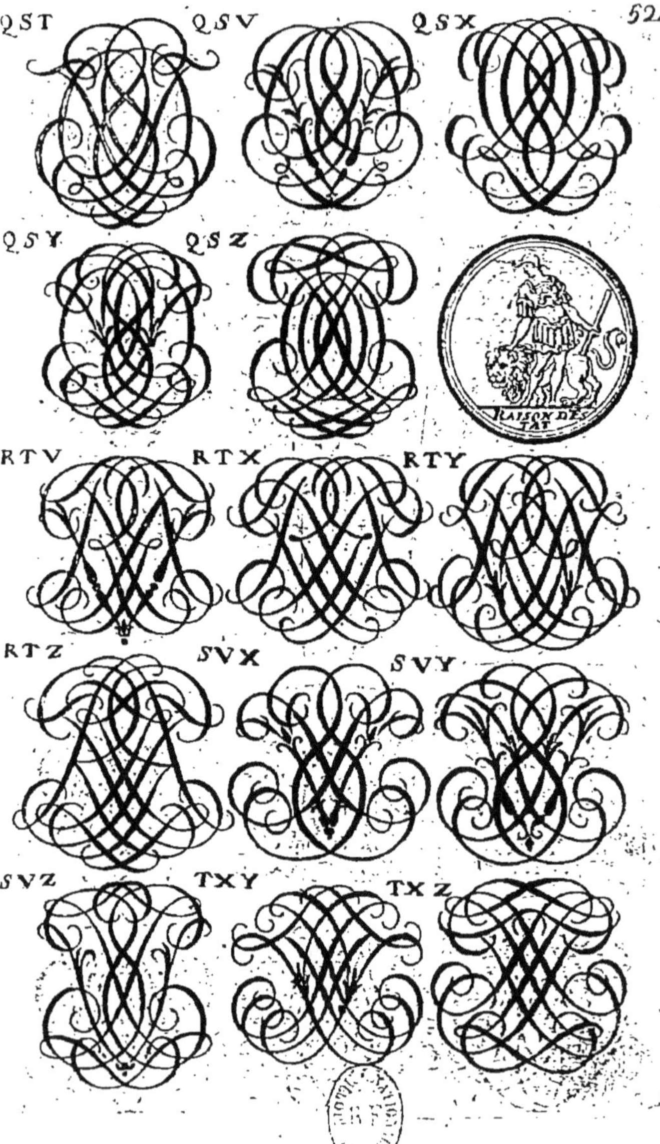
QST
QSV
QSX
QSY
QSZ
RAISON D'ET
TAT
RTV
RTX
RTY
RTZ
SVX
SVY
SVZ
TXY
TXZ

VYZ
XAZ
ZBC
ADE
ADF
ADG
ADH
ADI
ADK
ADL
ADM
ADN
ADO
ADP
ADQ

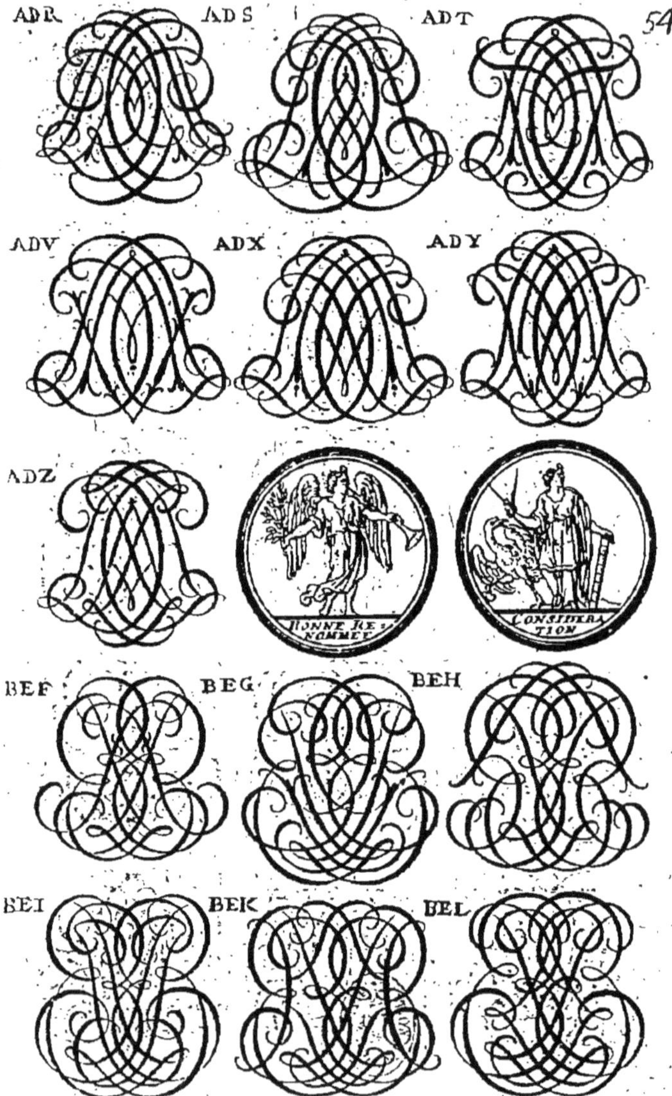

ADR
ADS
ADT
ADV
ADX
ADY
ADZ
BONNE RE-NOMMÉE
CONSIDERA-TION
BEF
BEG
BEH
BEI
BEK
BEL

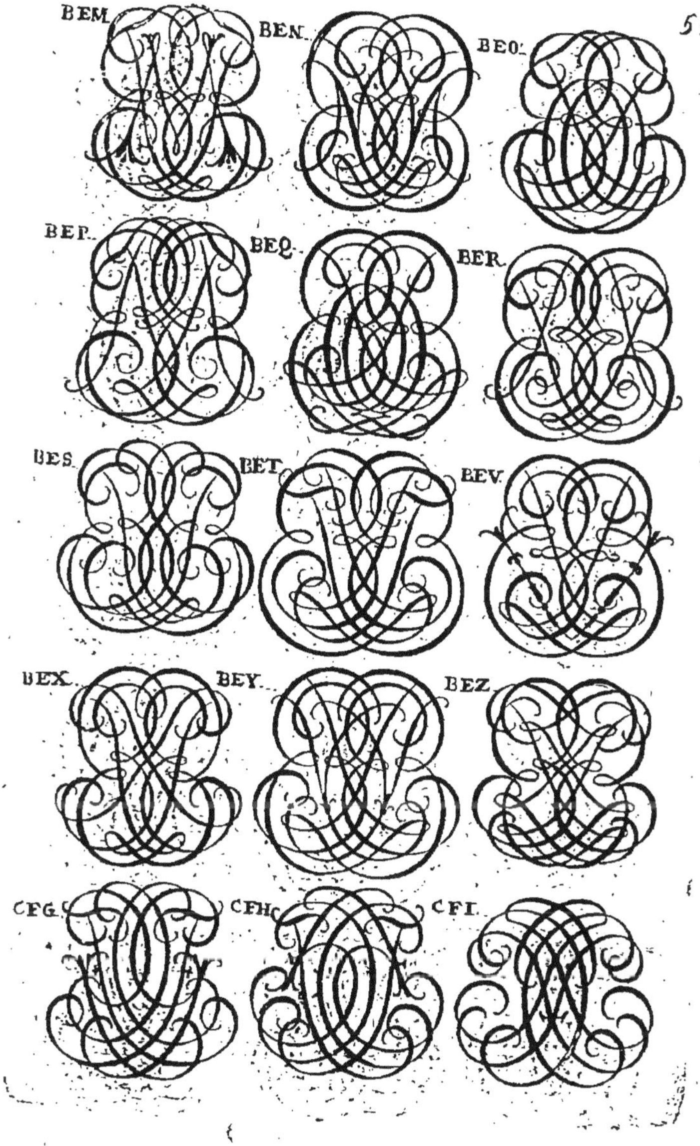

BEM. BEN. BEO.

BEP. BEQ. BER.

BES. BET. BEV.

BEX. BEY. BEZ.

CFG. CFH. CFI.

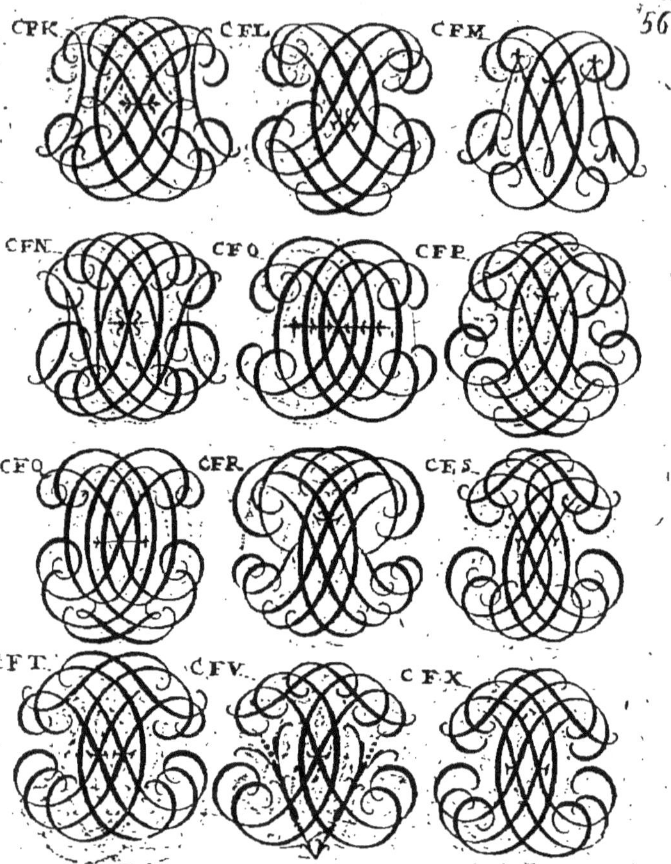

CFK
CFL
CFM
CFN
CFO
CFP
CFQ
CFR
CFS
CFT
CFV
CFX
CFY
CFZ

CHASTETÉ

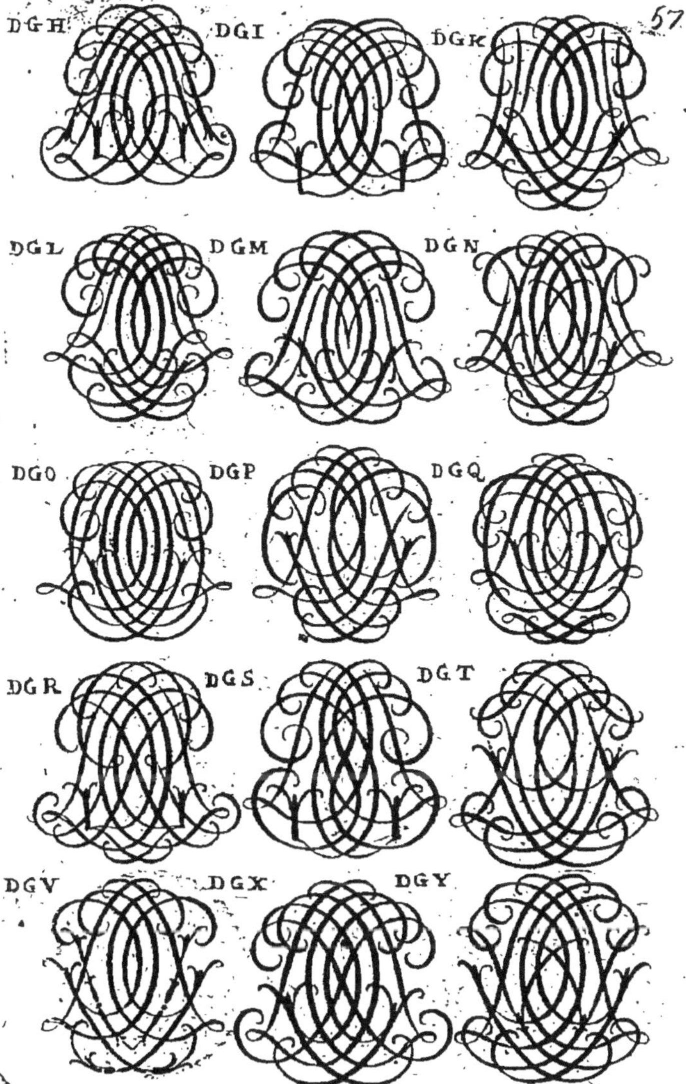

DGH
DGI
DGK
DGL
DGM
DGN
DGO
DGP
DGQ
DGR
DGS
DGT
DGV
DGX
DGY

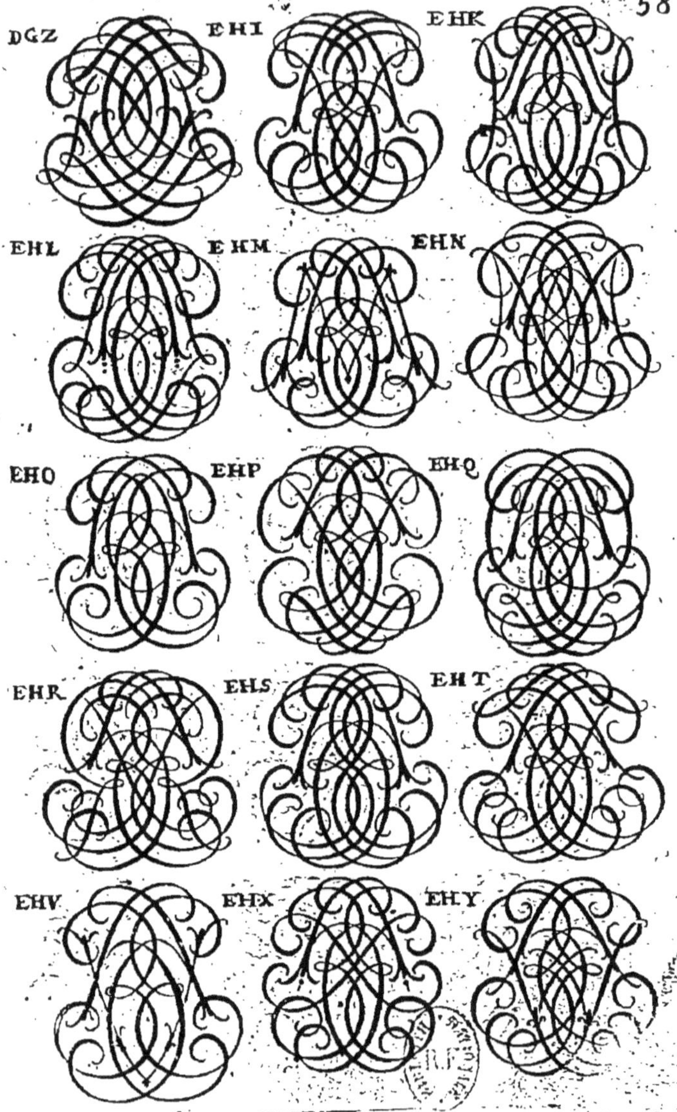

DGZ   EHI   EHK

EHL   EHM   EHN

EHO   EHP   EHQ

EHR   EHS   EHT

EHV   EHX   EHY

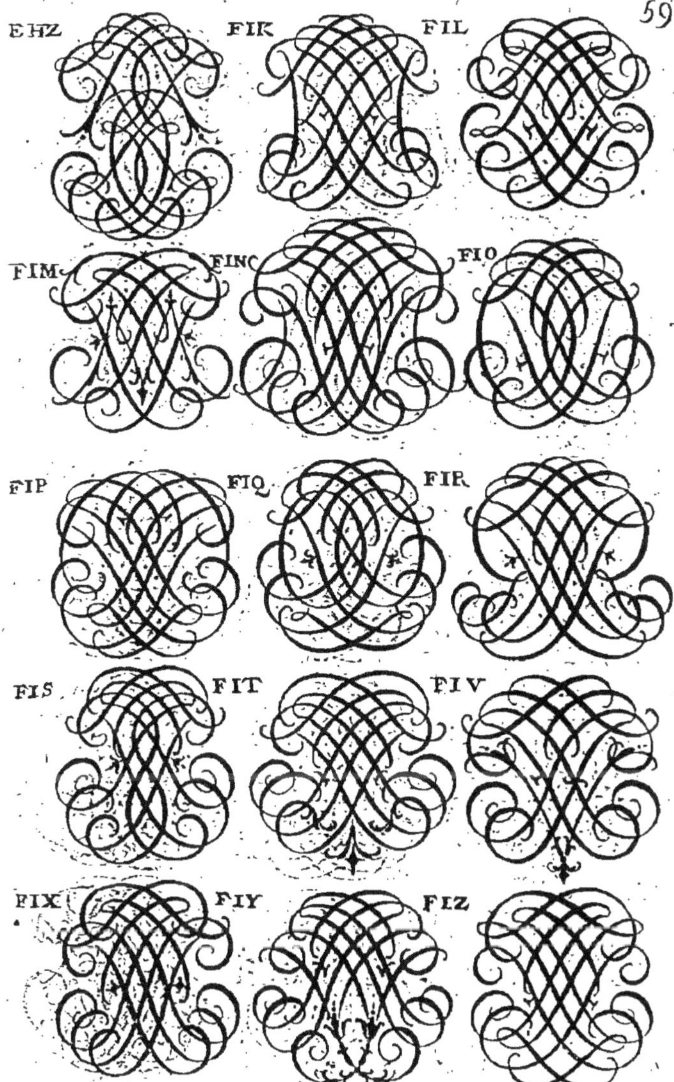

EHZ
FIK
FIL
FIM
FINC
FIO
FIP
FIQ
FIR
FIS
FIT
FIV
FIX
FIY
FIZ

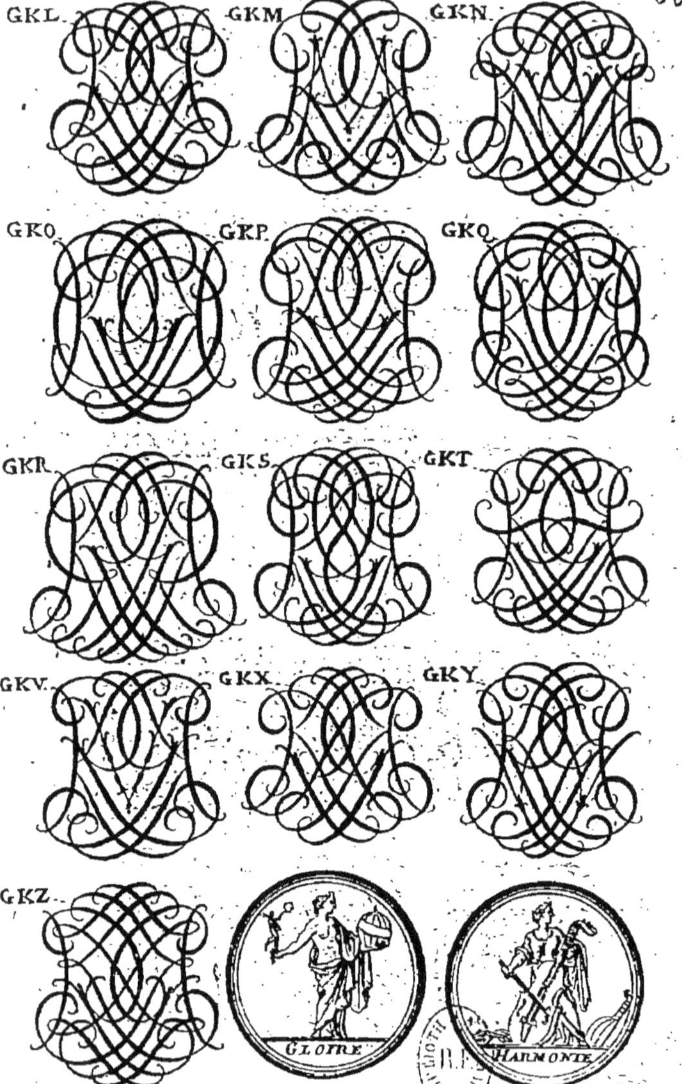

GKL
GKM
GKN
GKO
GRP
GKQ
GKR
GKS
GKT
GKV
GKX
GKY
GKZ
GLOIRE
HARMONIE

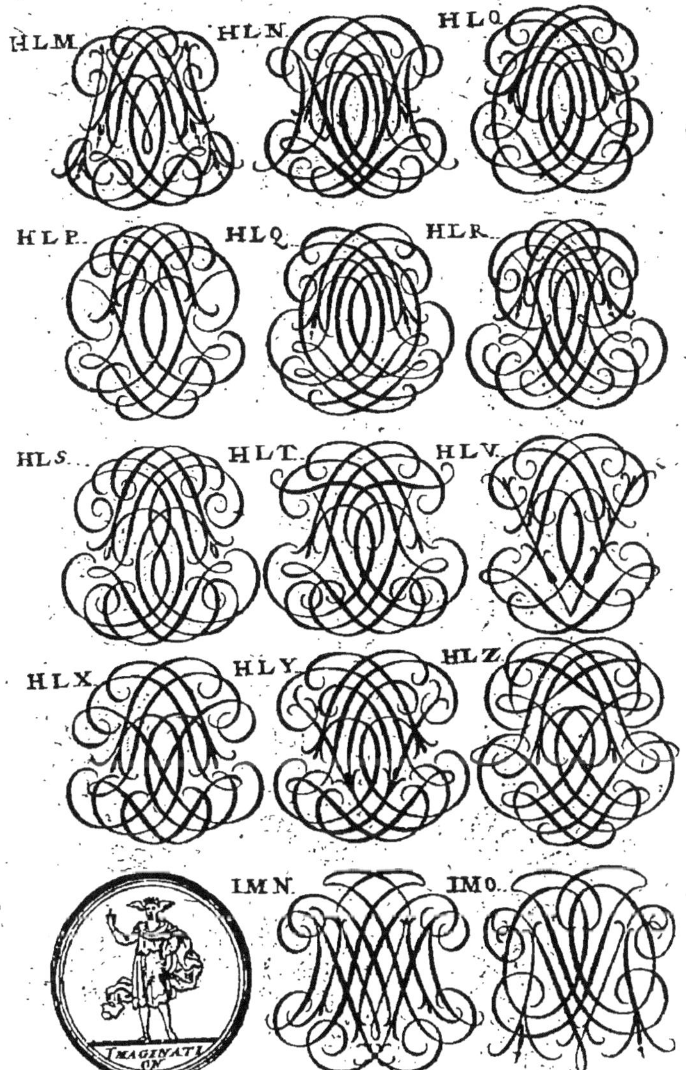

HLM
HLN
HLO
HLP.
HLQ
HLR
HLS.
HLT.
HLV.
HLX
HLY
HLZ
IMN.
IMO.
IMAGINATION

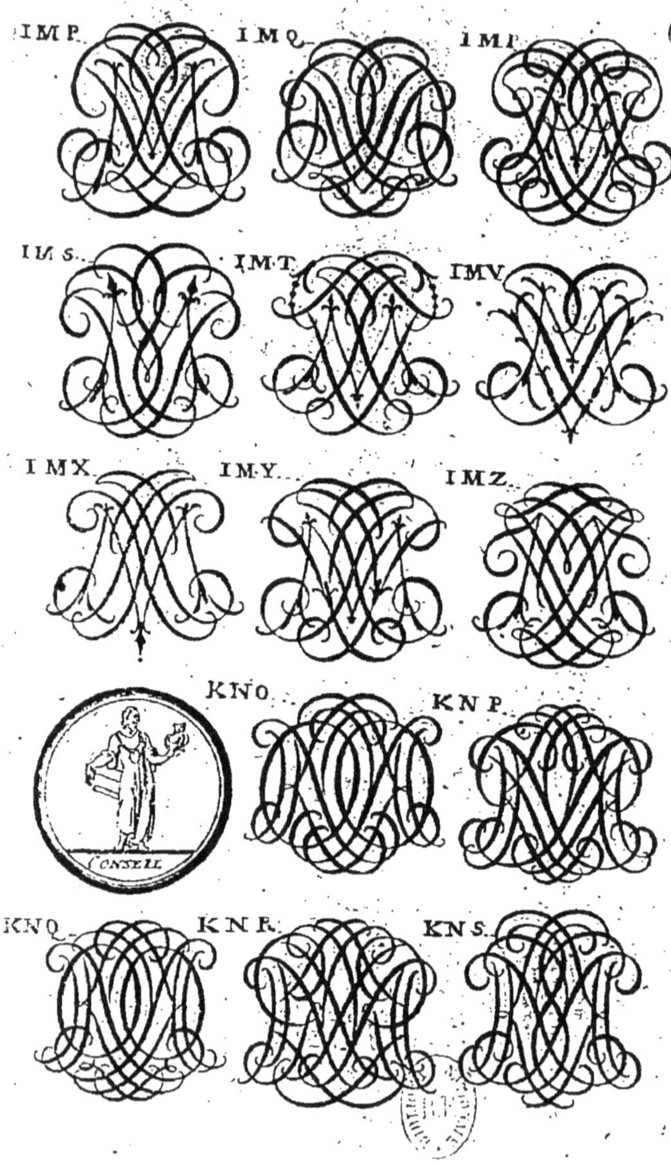

IMP
IMQ
IMP
IMS
IMT
IMV
IMX
IMY
IMZ
KNO
KNP
CONSEIL
KNQ
KNR
KNS

KNT KNV  KNX

KNY  KNZ

LOYAUTE

LOF LOQ  LOR

LOS  LOT 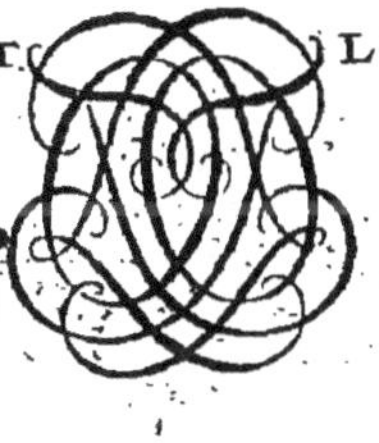 LOV

LOX 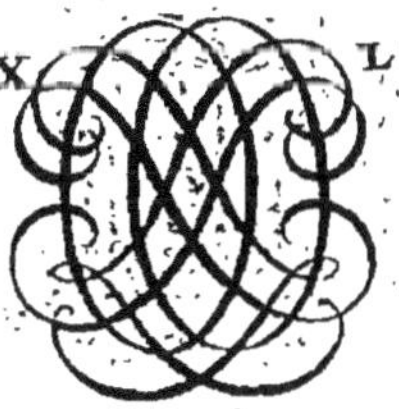 LOY 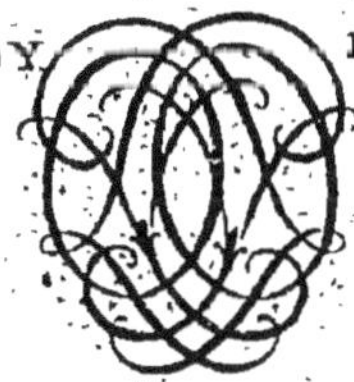 LOZ

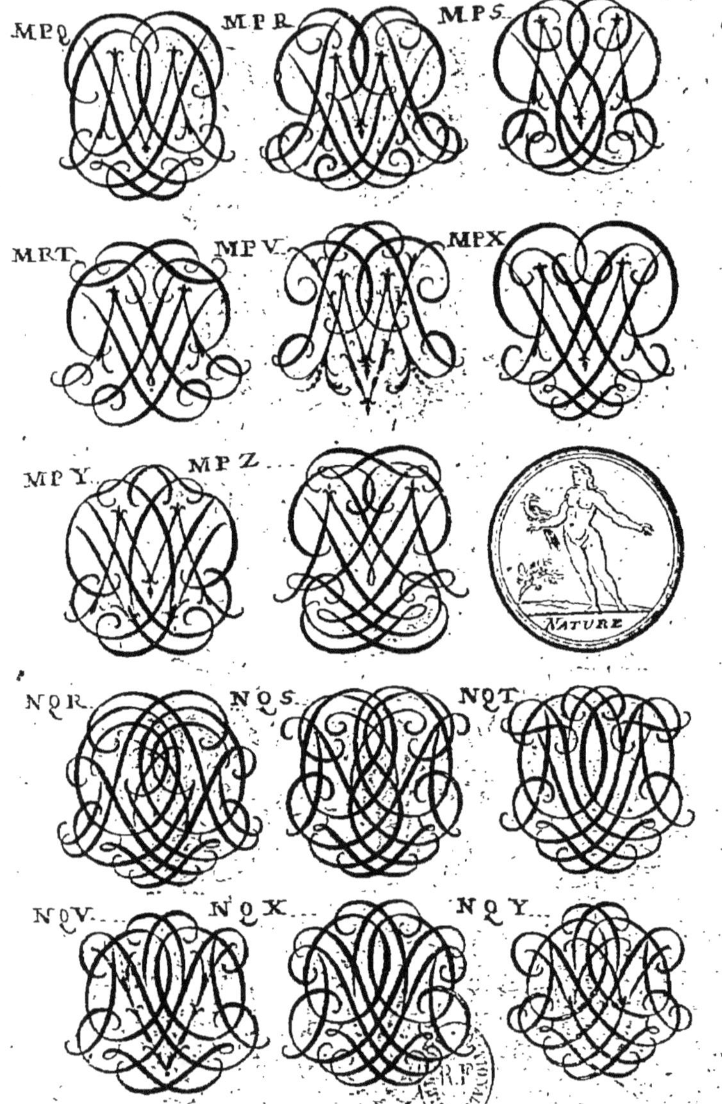
MPQ
MPR
MPS
MRT
MPV
MPX
MPY
MPZ
NATURE
NQR
NQS
NQT
NQV
NQX
NQY

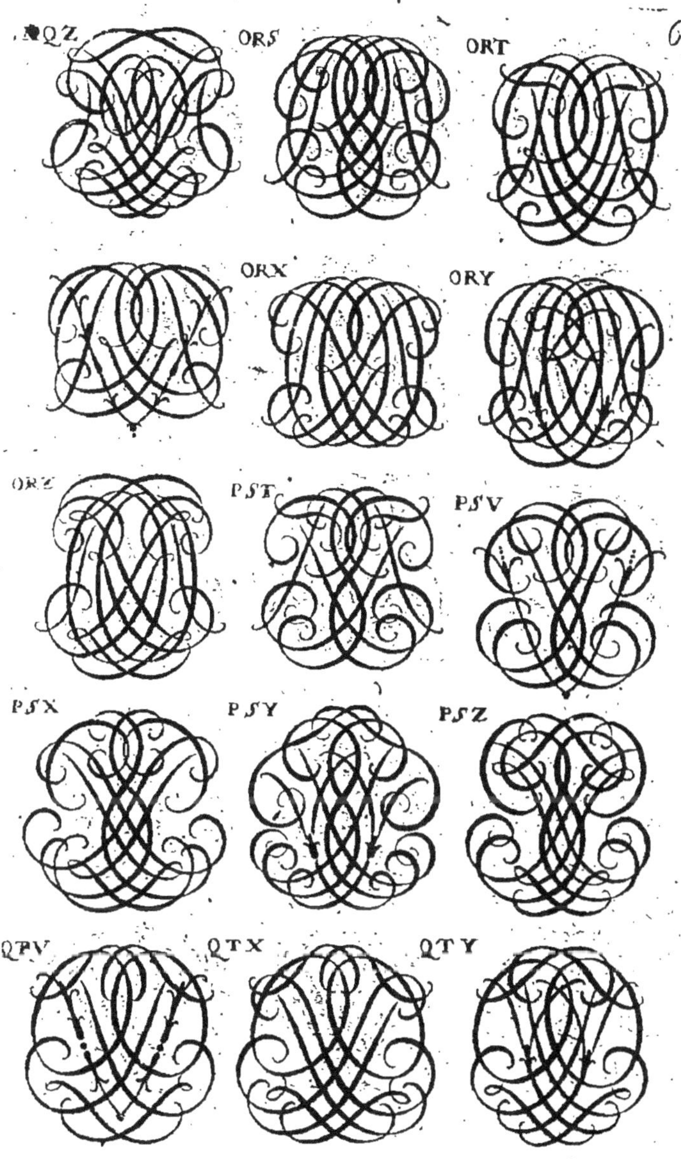
NQZ
ORS
ORT
ORX
ORY
ORZ
PST
PSV
PSX
PSY
PSZ
QTV
QTX
QTY

QTZ
RVX
RVY
RVZ
SXY
SXZ
TYZ
VZA
AMITIE
AEF
AEG
AEH
AEI
AEK
AEL

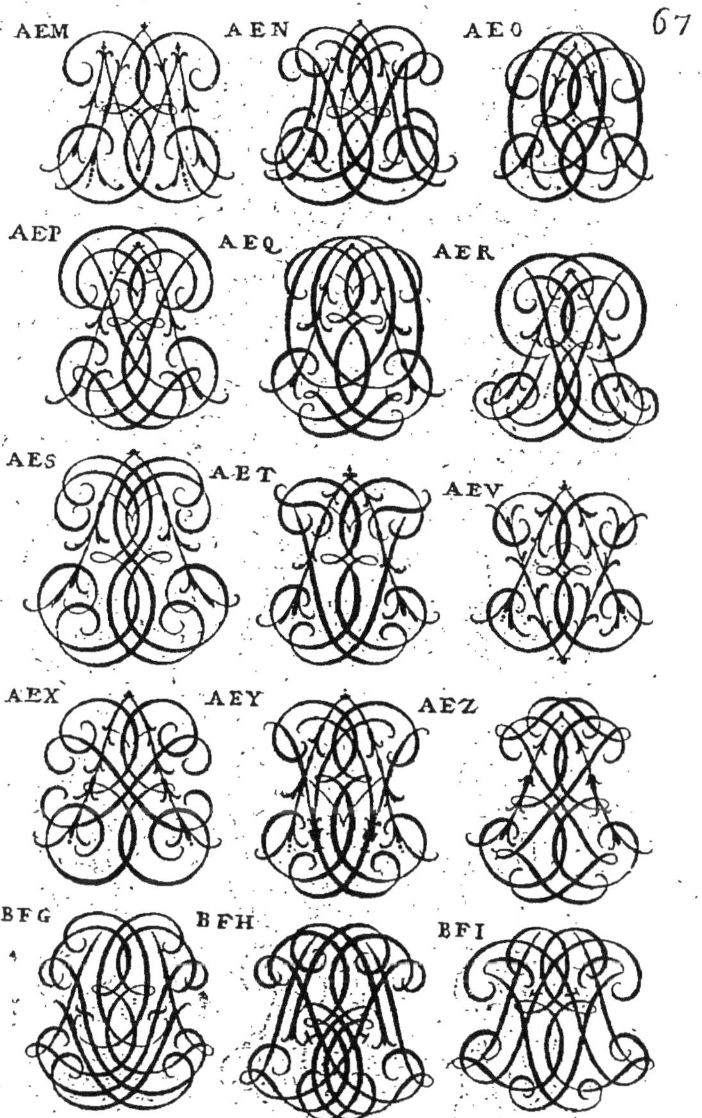

AEM
AEN
AEO
AEP
AEQ
AER
AES
AET
AEV
AEX
AEY
AEZ
BFG
BFH
BFI

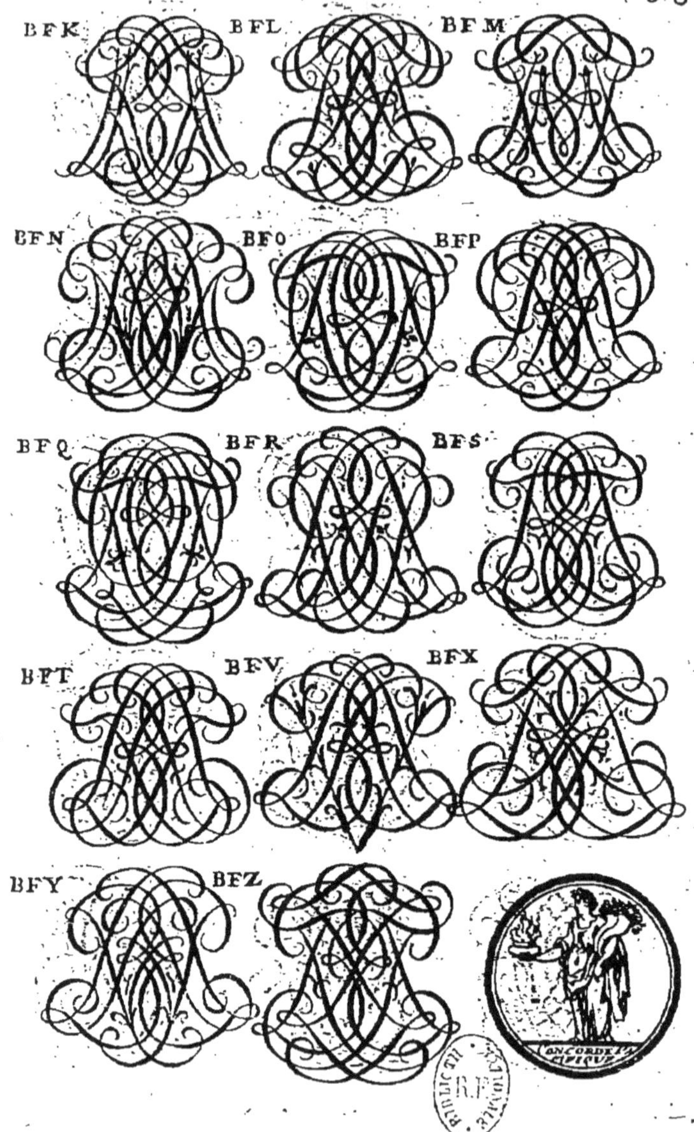

BFK
BFL
BFM
BFN
BFO
BFP
BFQ
BFR
BFS
BFT
BFV
BFX
BFY
BFZ

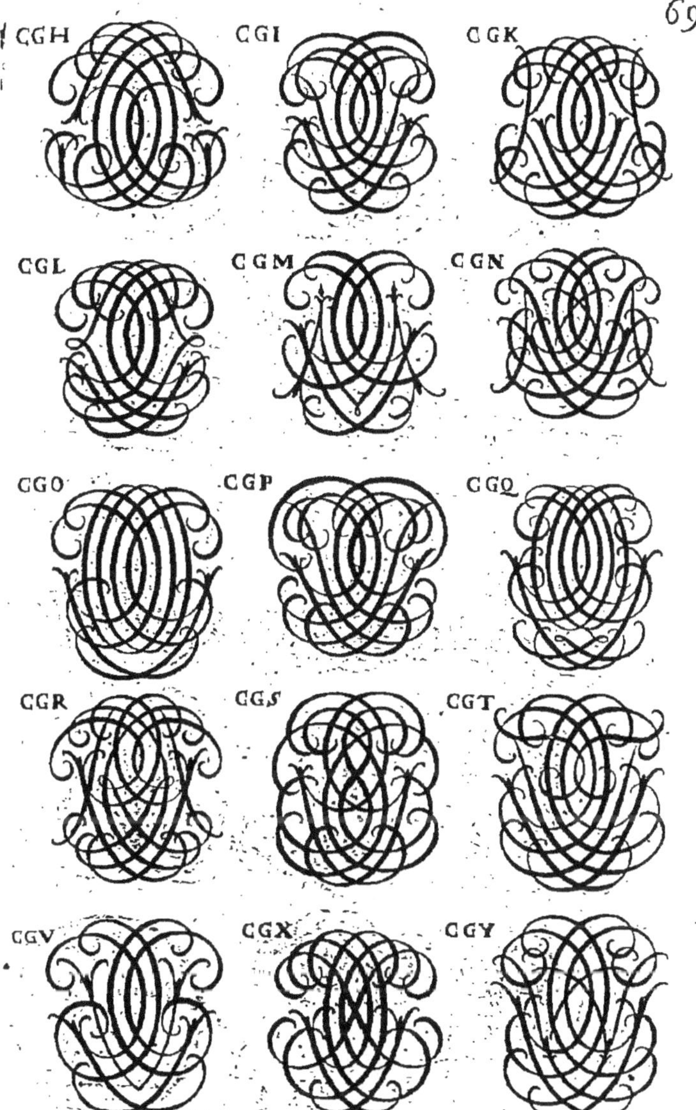
CGH
CGI
CGK
CGL
CGM
CGN
CGO
CGP
GGQ
GGR
GGS
CGT
CGV
CGX
CGY

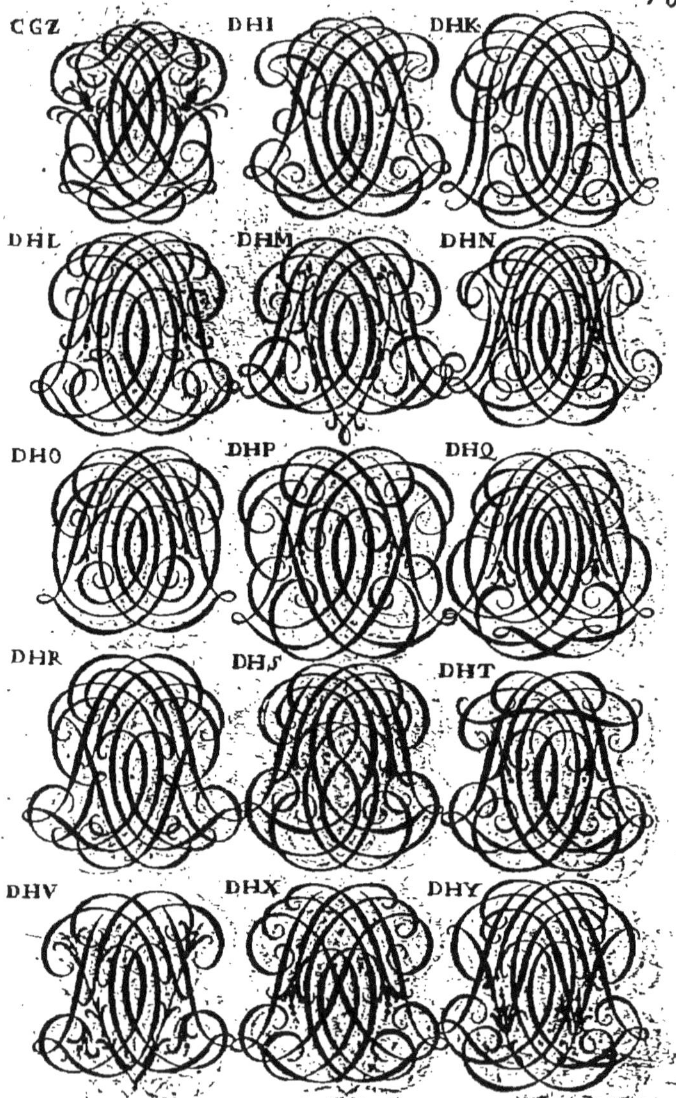

DHZ
EIK
EIL
EIM
EIN
EIO
EIP
EIQ
EIR
EIS
EIT
EIV
EIX
EIY
EIZ

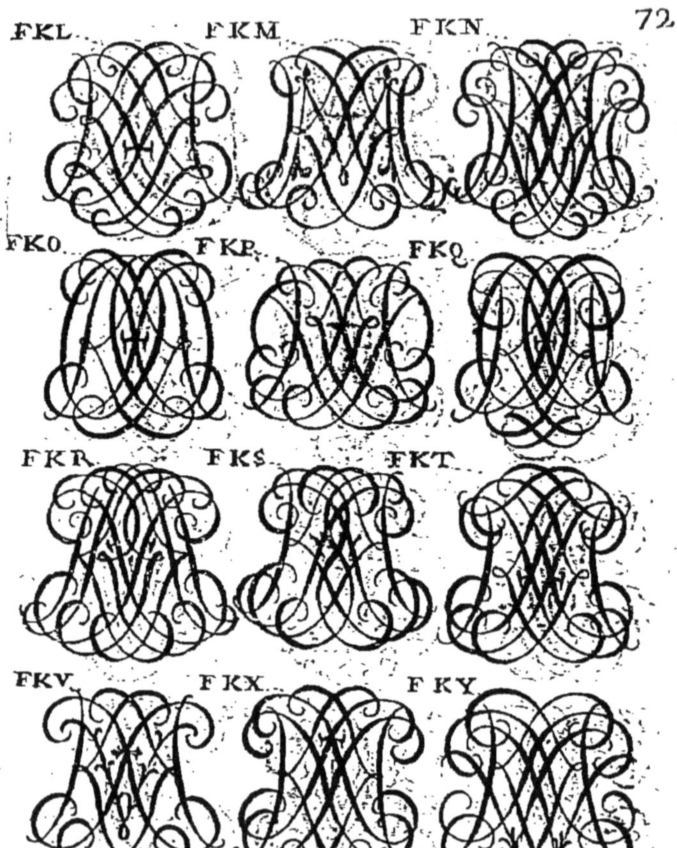
FKL
FKM
FKN
FKO
FKP
FKQ
FKR
FKS
FKT
FKV
FKX
FKY
FKZ
GRAVURE
HARMONIE DU GOUT

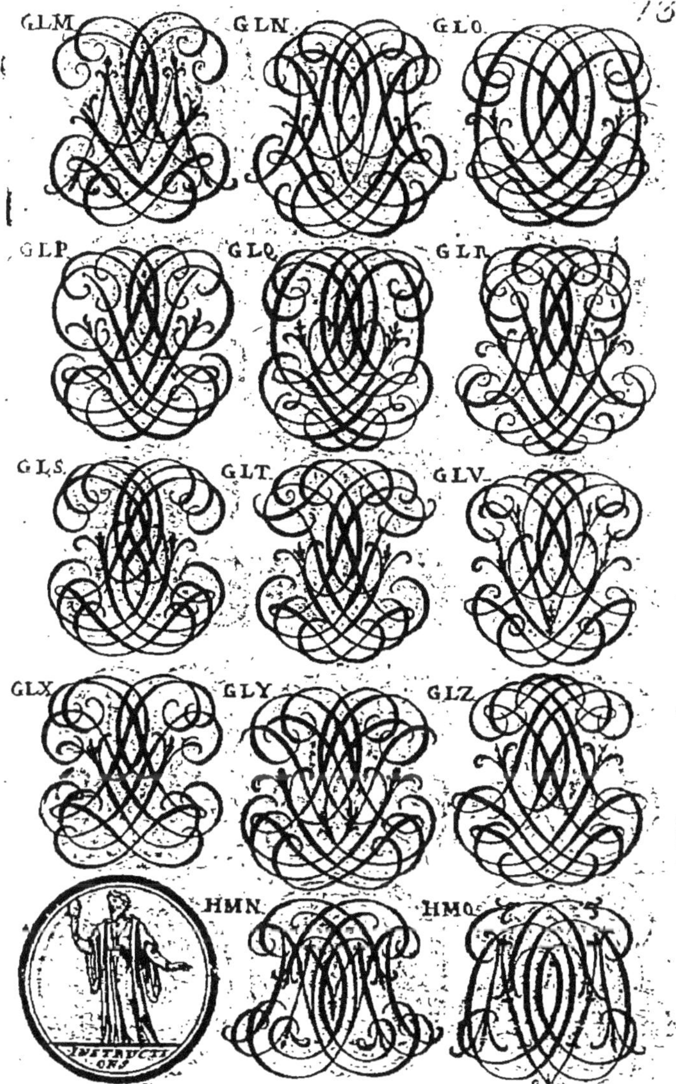

GLM
GLN
GLO
GLP
GLQ
GLR
GLS
GLT
GLV
GLX
GLY
GLZ
HMN
HMO
INSTRUCTI ONS

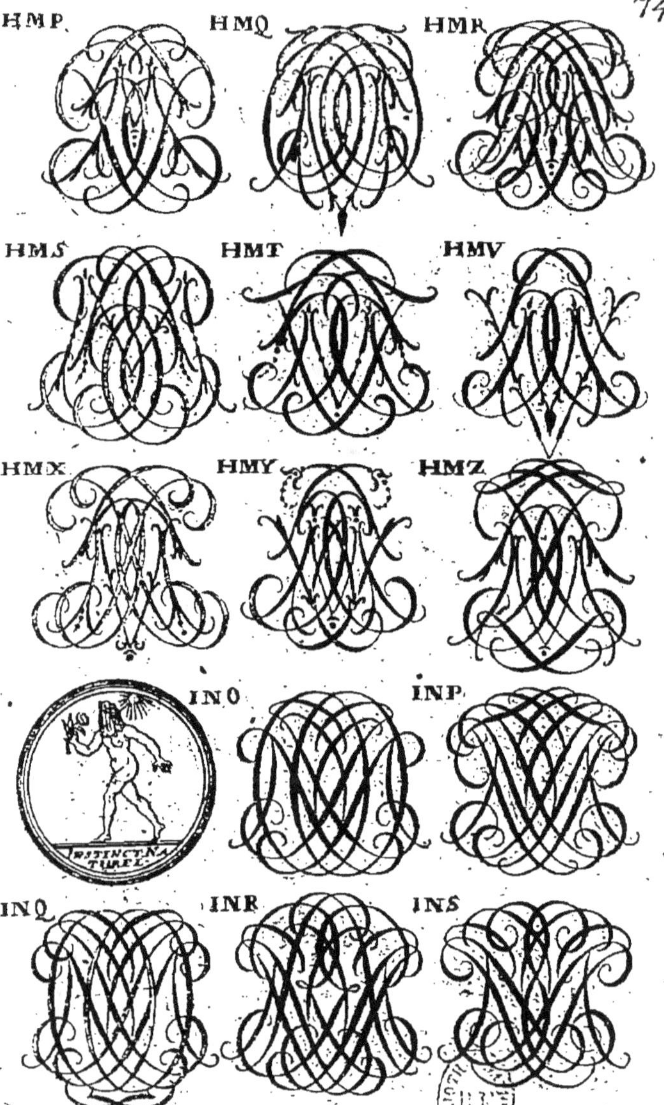

INT. INV. INX.

INY. INZ.

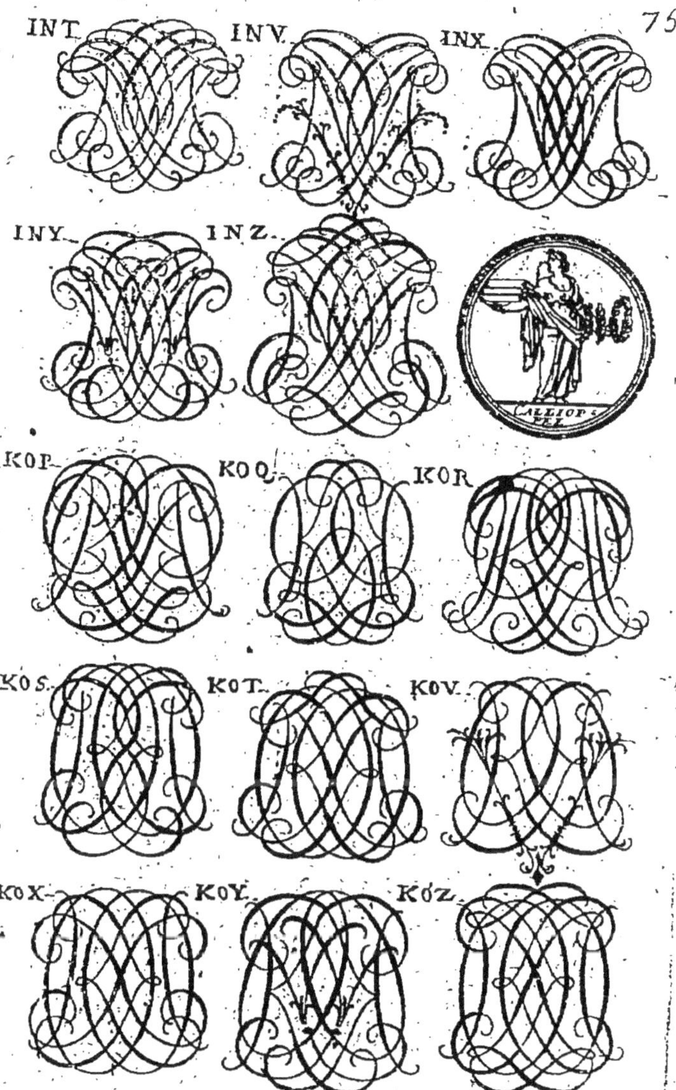

KOP. KOQ. KOR.

KOS. KOT. KOV.

KOX. KOY. KOZ.

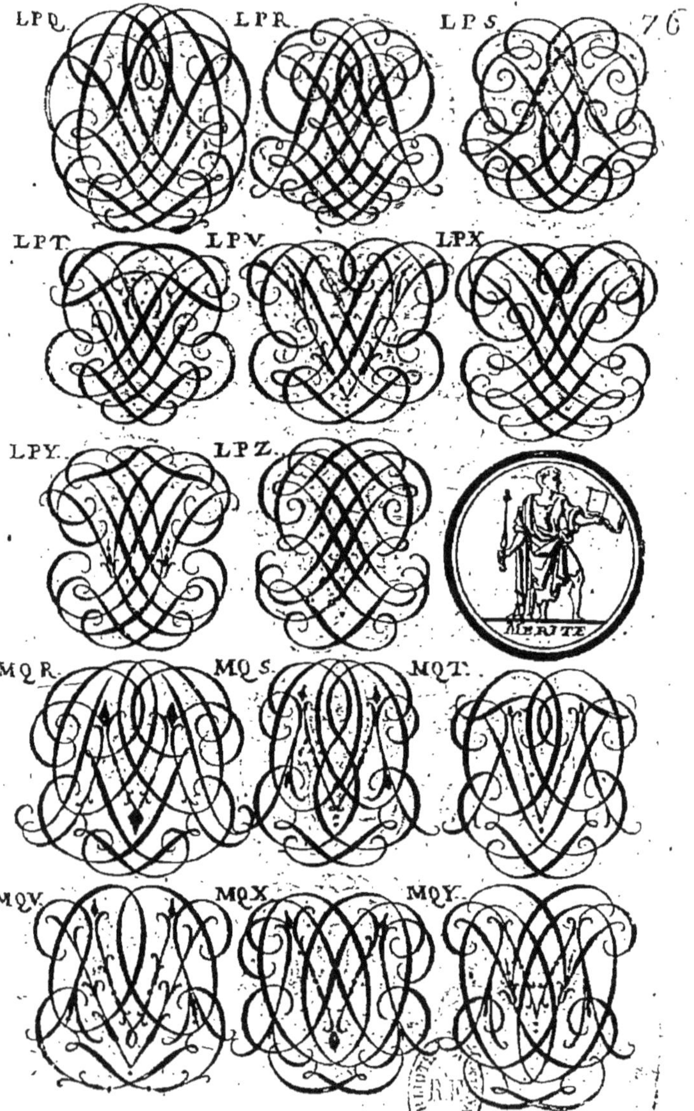

LPQ.
LPR.
LPS
LPT.
LPV.
LPX.
LPY.
LPZ.
MERITE
MQR.
MQS.
MQT.
MQV.
MQX.
MQY.

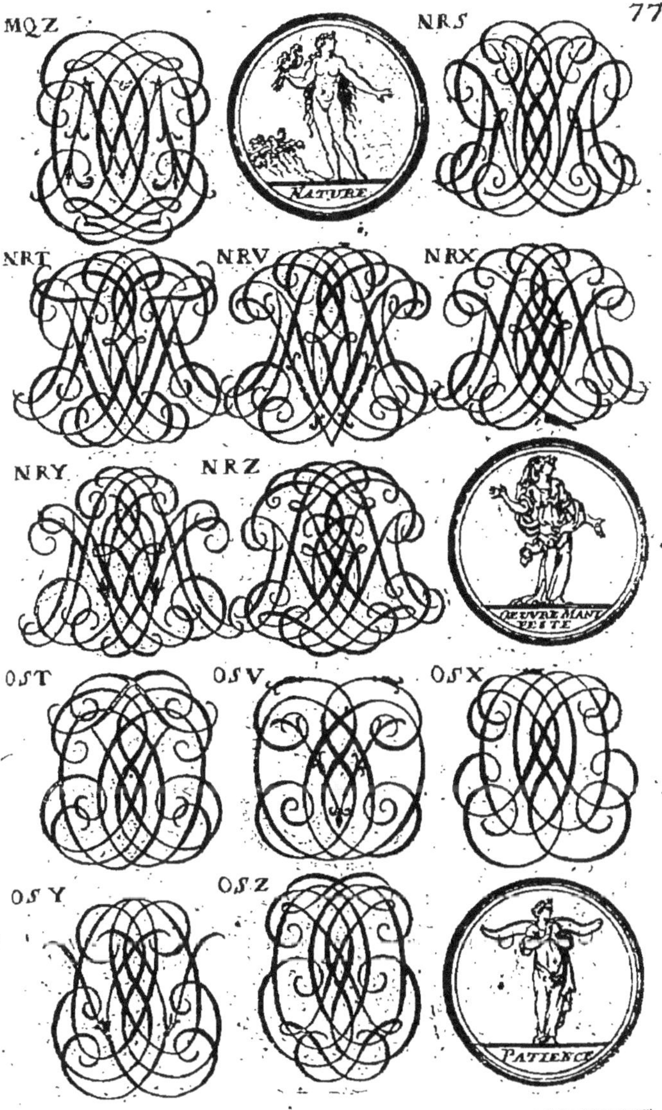
MQZ
NRS
NATURE
NRT
NRV
NRX
NRY
NRZ
ŒUVRE MANI
FESTE
OST
OSV
OSX
OSY
OSZ
PATIENCE

PTV   PTX   PTY.

PTZ   QVX

QVY.   QVZ

RXY.   RXZ

SYZ.   TZA

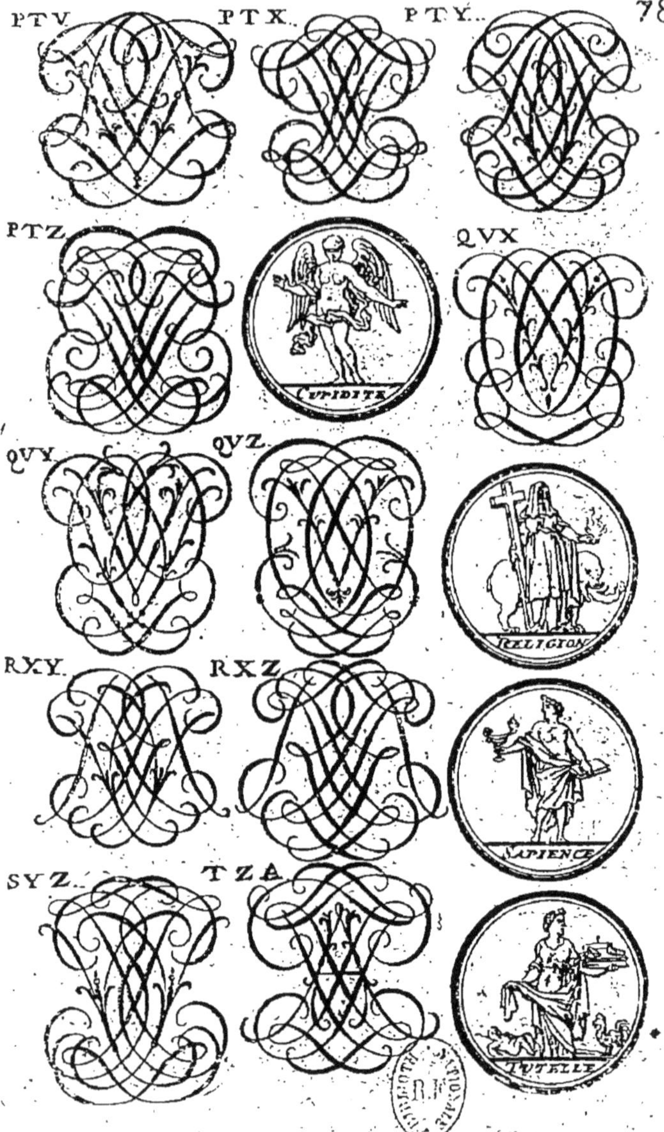

AFG
AFH
AFI
AFK
AFL
AFM
AFN
AFO
AFP
AFQ
AFR
AFS
AFT
AFV
AFX

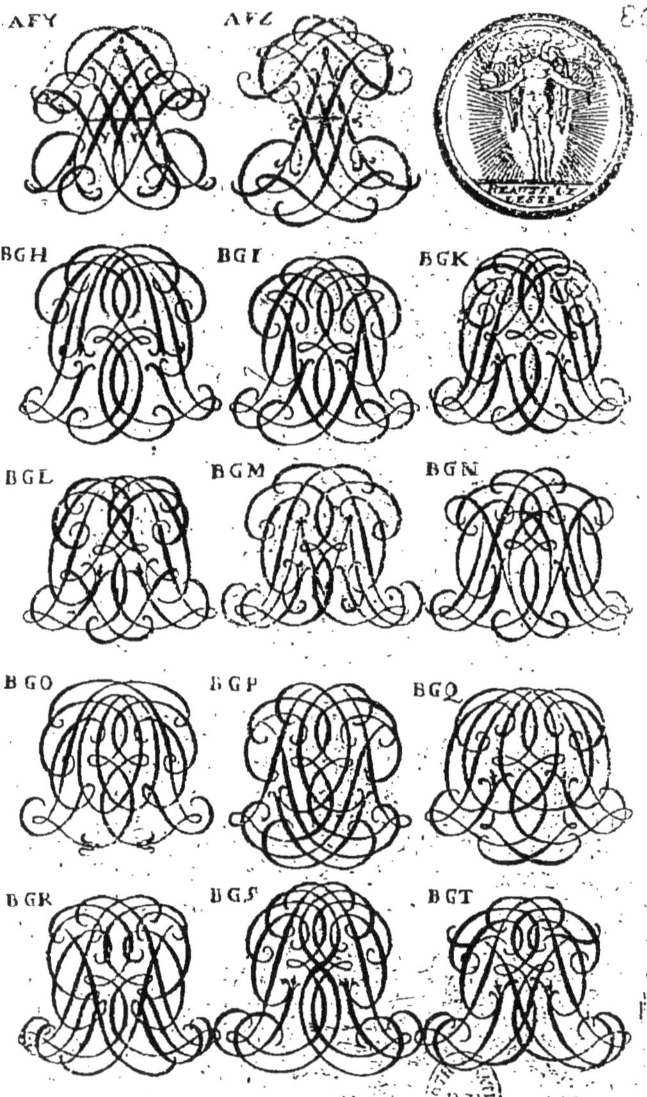
AFY
AFZ
BGH
BGI
BGK
BGL
BGM
BGN
BGO
BGP
BGQ
BGR
BGS
BGT

BGV BGX BGY

BGZ CHI

CHK CHL CHM

CHN CHO CHP

CHQ CHR CHS

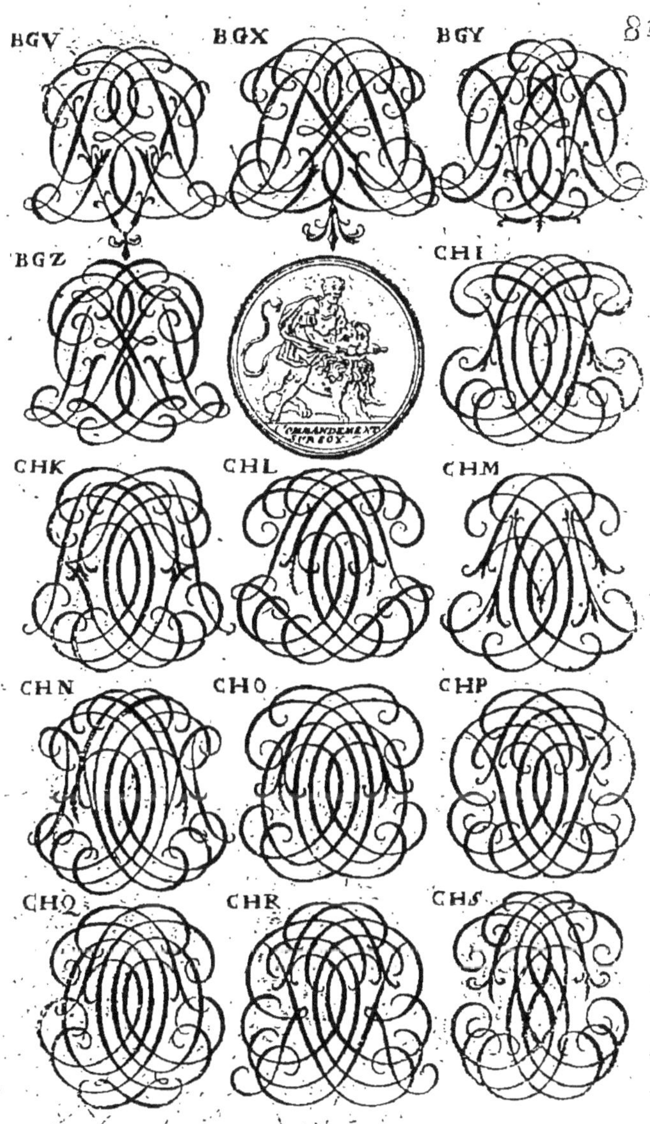

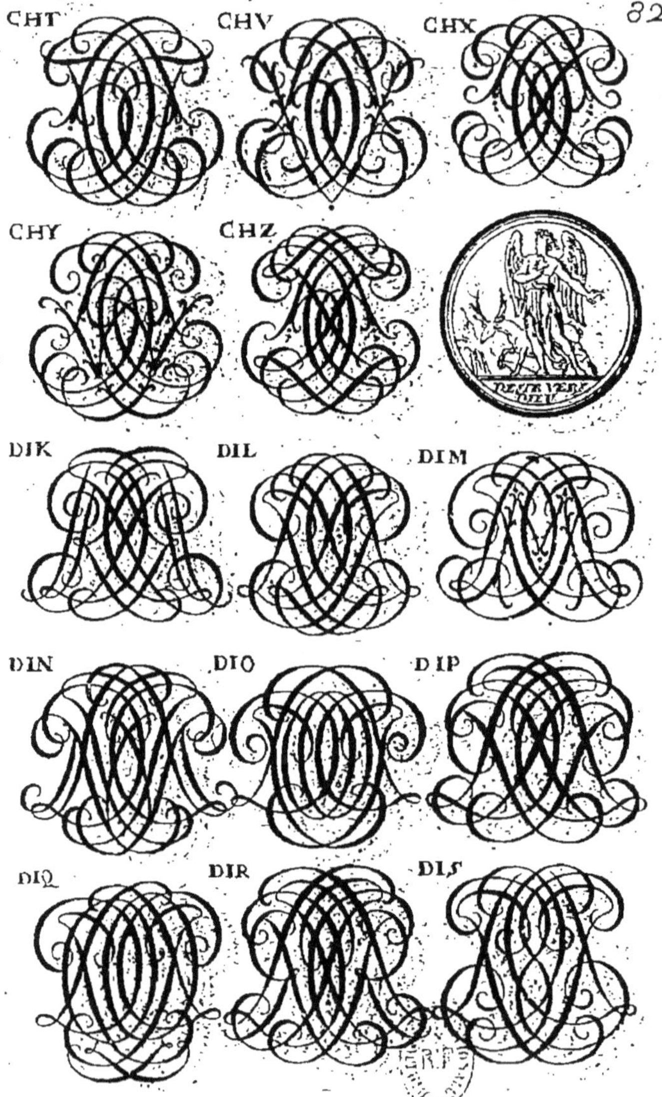
CHT
CHV
CHX
CHY
CHZ
DIK
DIL
DIM
DIN
DIO
DIP
DIQ
DIR
DIS

DIT DIV DIX

DIY DIZ

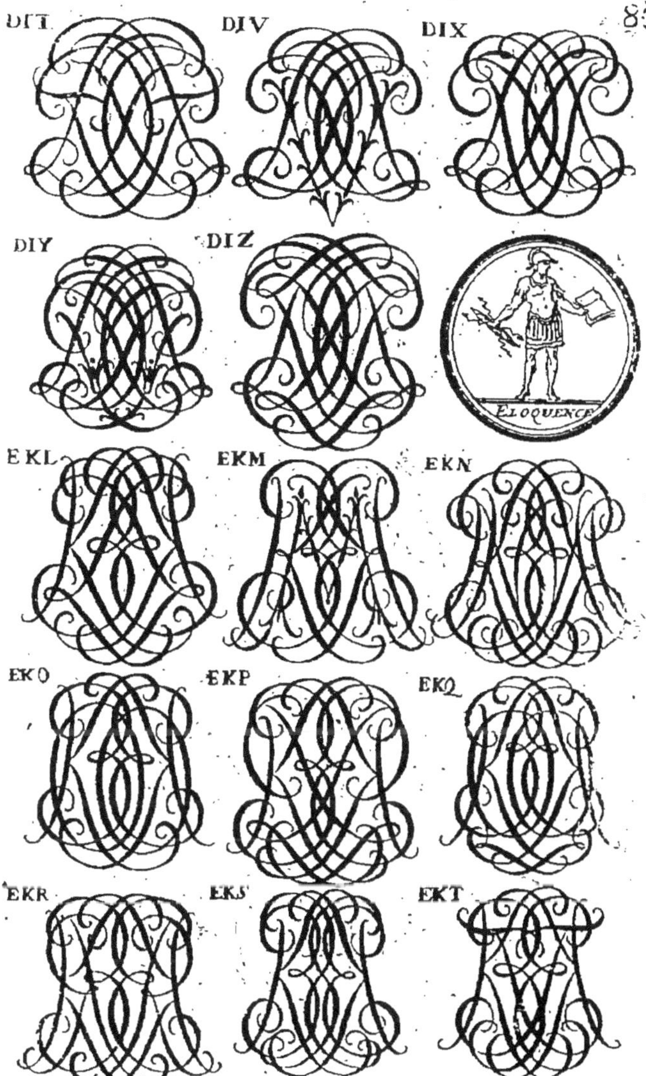

EKL EKM EKN

EKO EKP EKQ

EKR EKS EKT

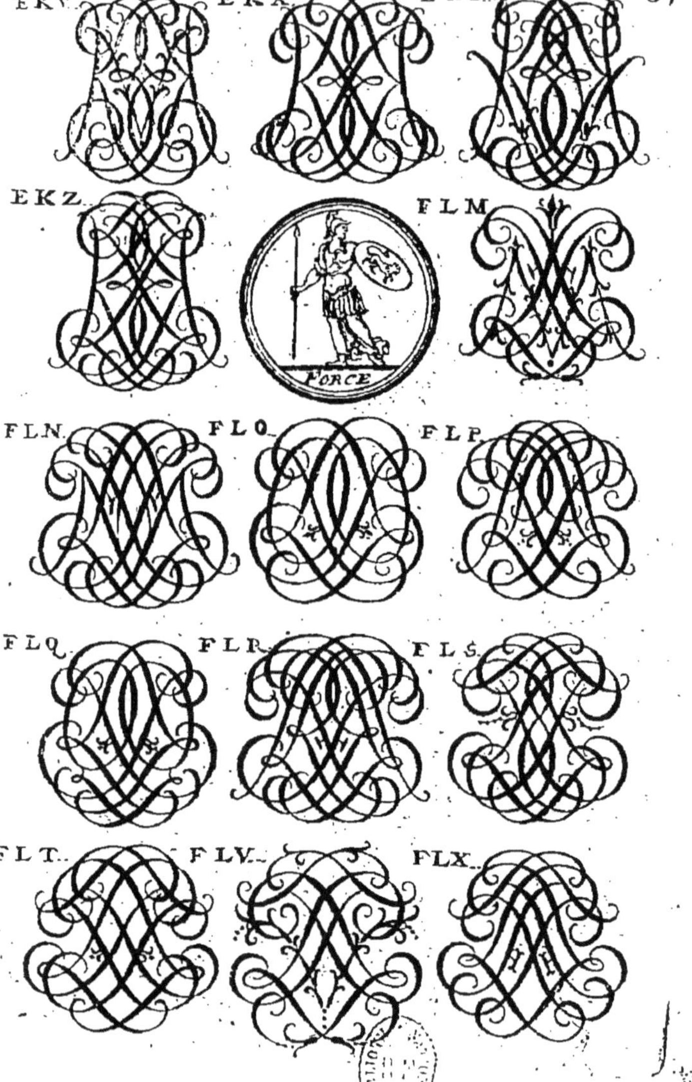

EKV
EKX
EKY
EKZ
FLM
FORCE
FLN
FLO
FLP
FLQ
FLR
FLS
FLT
FLV
FLX

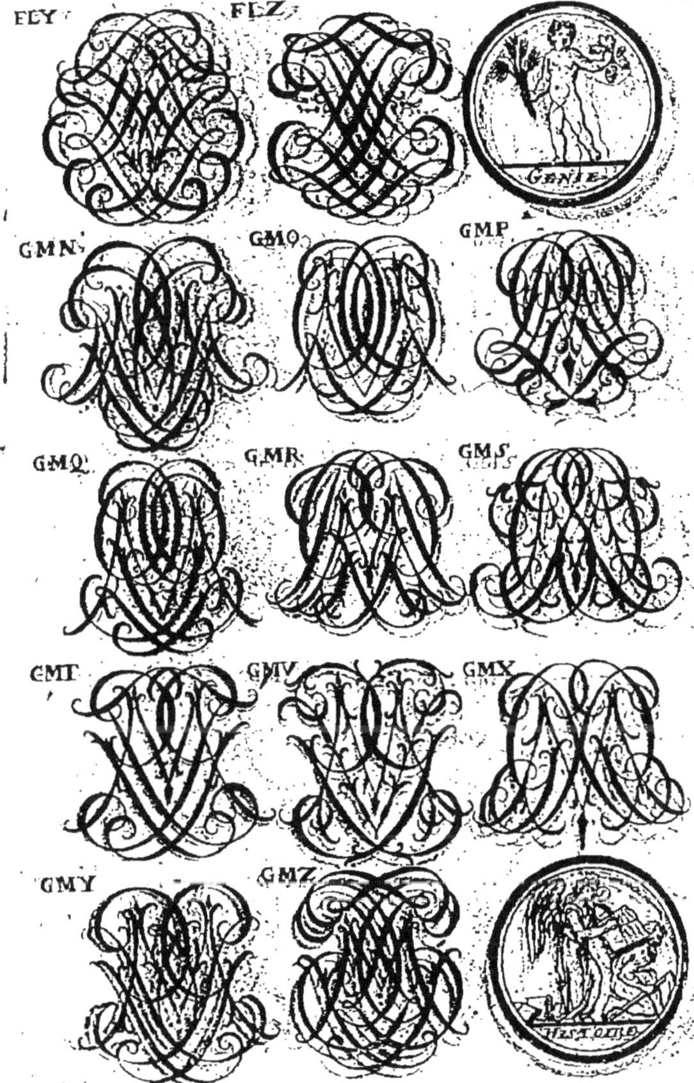

FLY FLZ

GMN GMO GMP

GMQ GMR GMS

GMT GMV GMX

GMY GMZ

HNO   HNP   HNQ
HNR   HNS   HNT
HNV   HNX   HNY
HNZ   IOP
INTELLIGEN
CE
IOQ   IOR   IOS

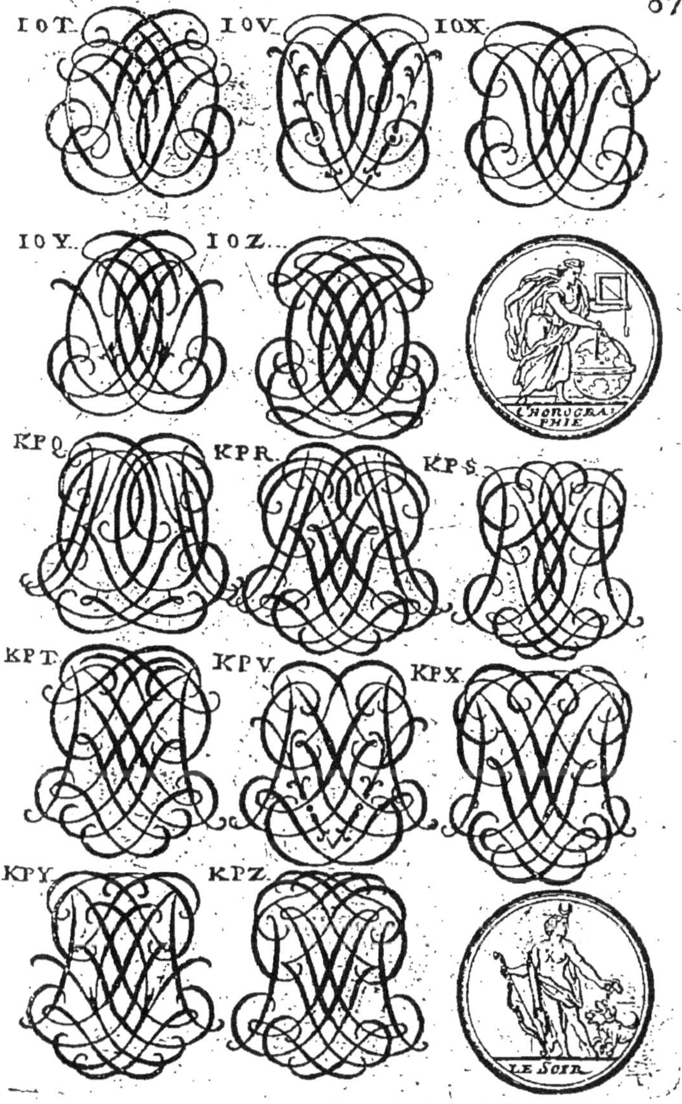
IOT
IOV
IOX
IOY
IOZ
L'HOROGRA-
PHIE
KPQ
KPR
KPS
KPT
KPV
KPX
KPY
KPZ
LE SOIR

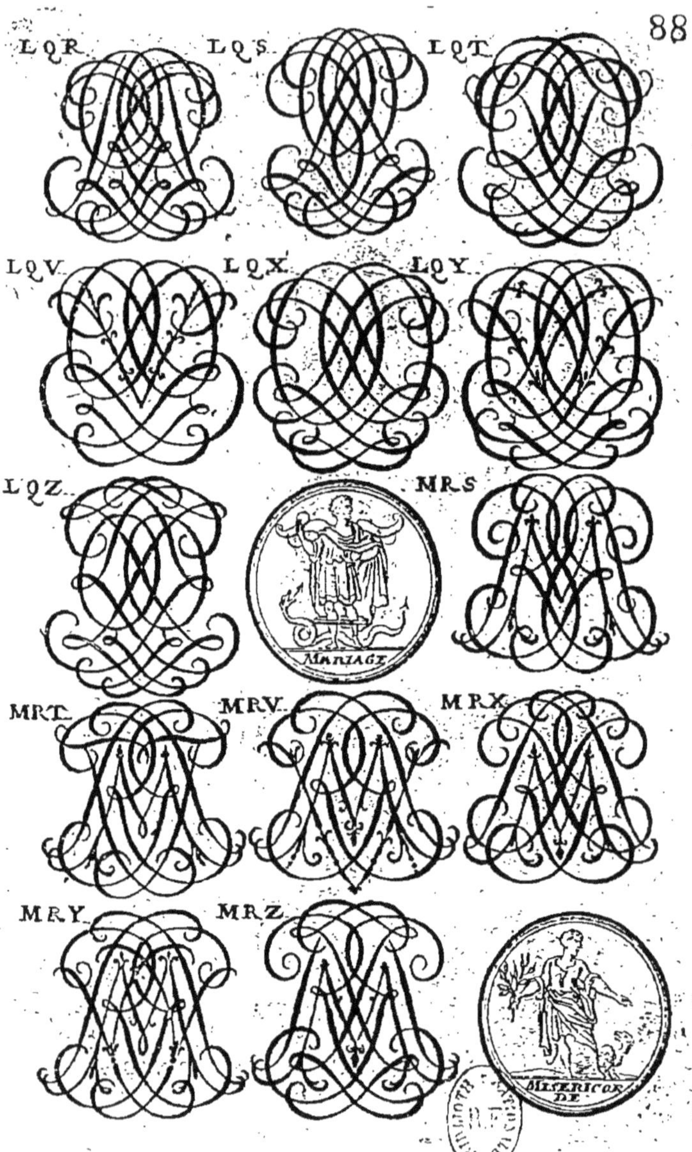
LQR
LQS
LQT
LQV
LQX
LQY
LQZ
MRS
MARIAGE
MRT
MRV
MRX
MRY
MRZ
MISERICOR
DE

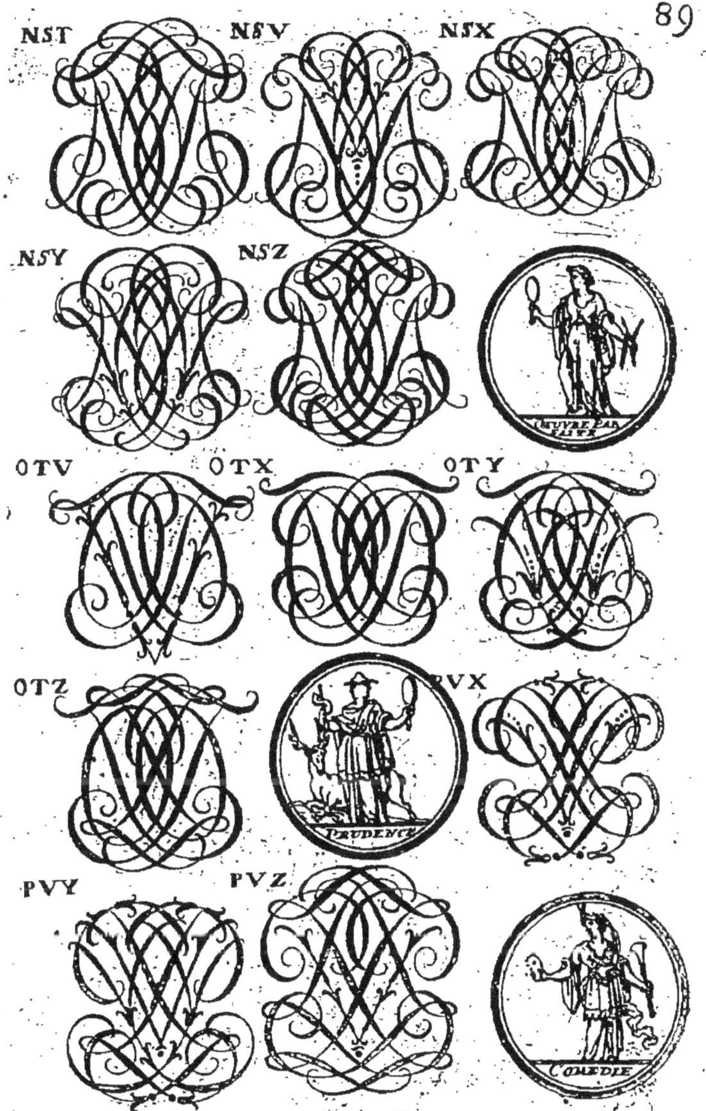

NST NSV NSX

NSY NSZ

OTV OTX OTY

OTZ PVX

PVY PVZ

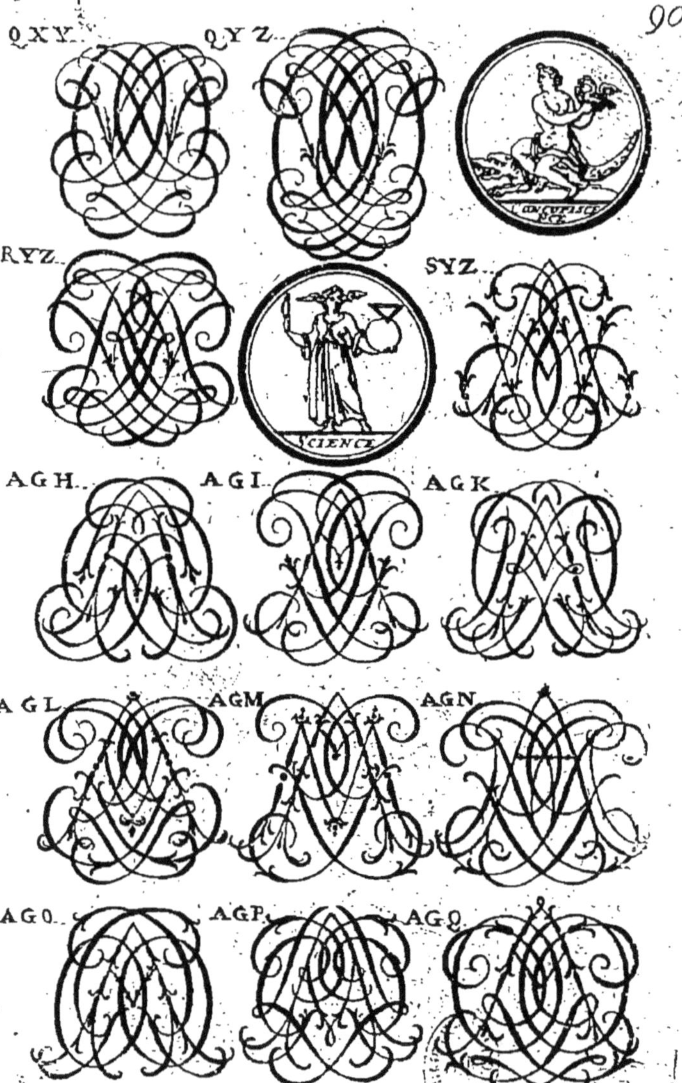
QXY
QYZ
RYZ
SYZ
AGH
AGI
AGK
AGL
AGM
AGN
AGO
AGP
AGQ
CONCUPISCE
SCE
CIENCE

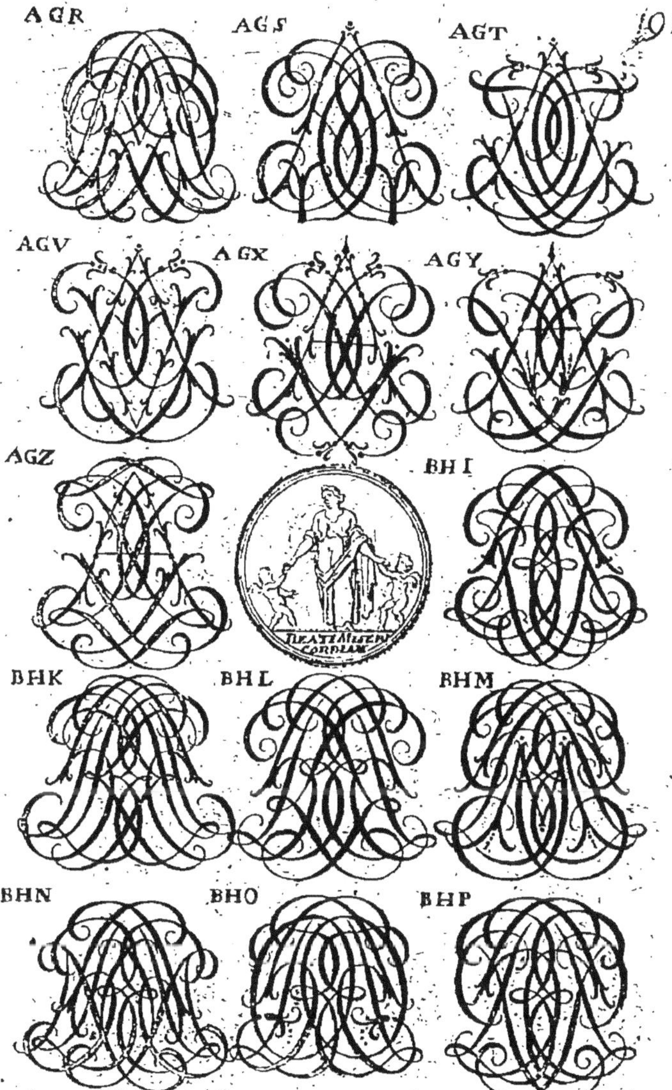

AGR
AGS
AGT
AGV
AGX
AGY
AGZ
BHI
BHK
BHL
BHM
BHN
BHO
BHP
ILEATI MISER
CORDIAM

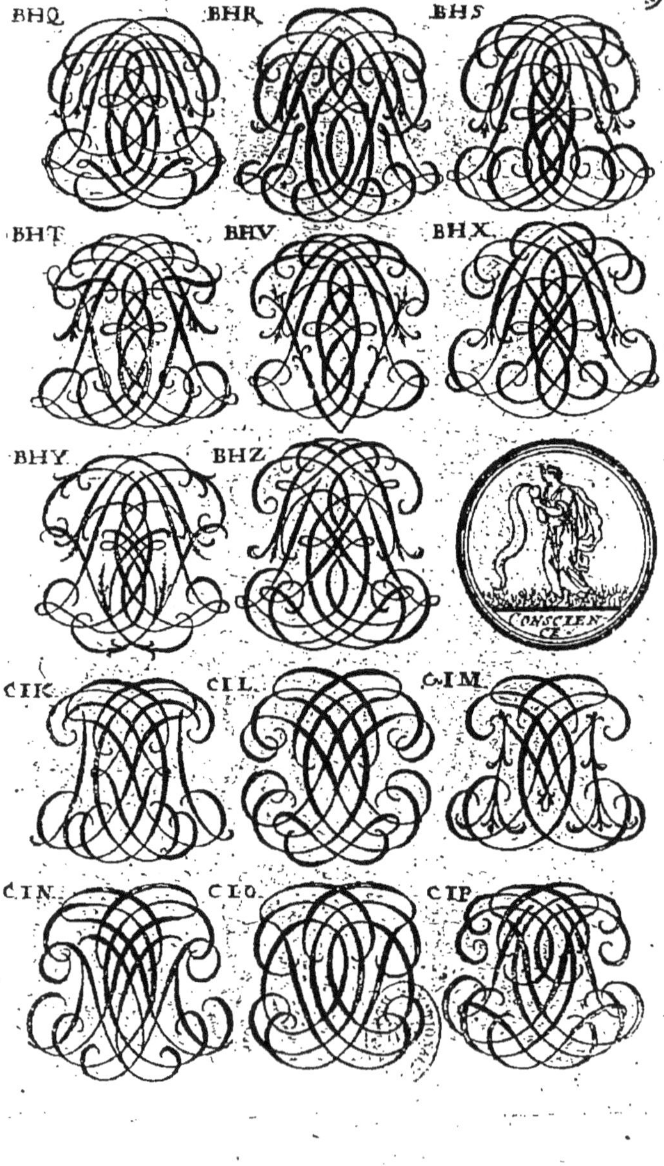

BHQ BHR BHS

BHT BHV BHX

BHY BHZ

CIK CIL CIM

CIN CLO CIP

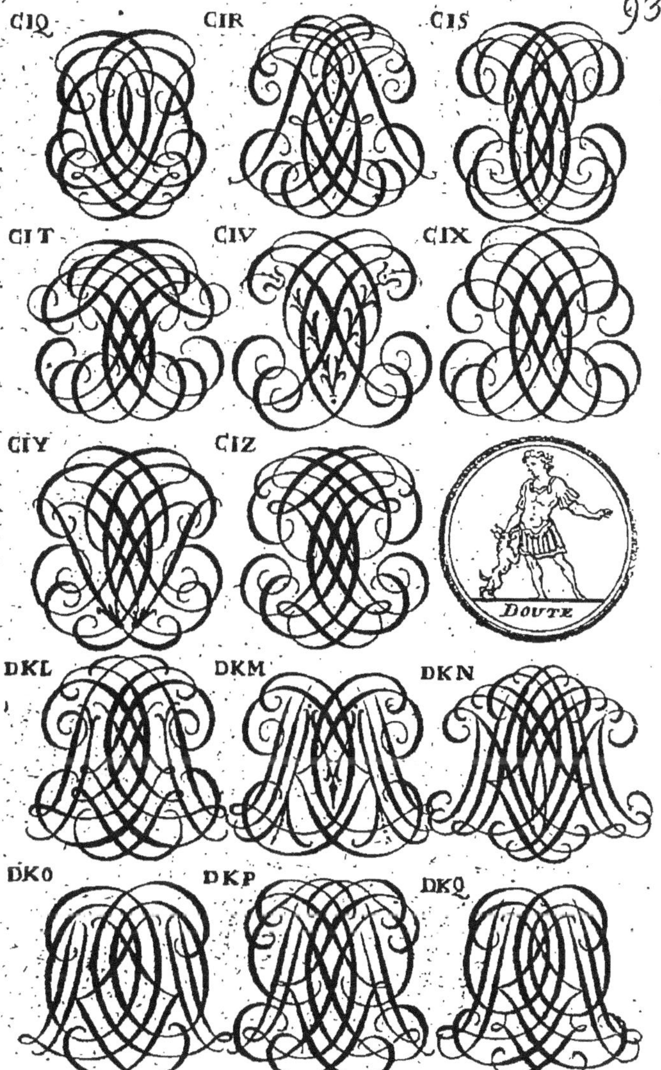
CIQ
CIR
CIS
CIT
CIV
CIX
CIY
CIZ
DOUTE
DKL
DKM
DKN
DKO
DKP
DKQ

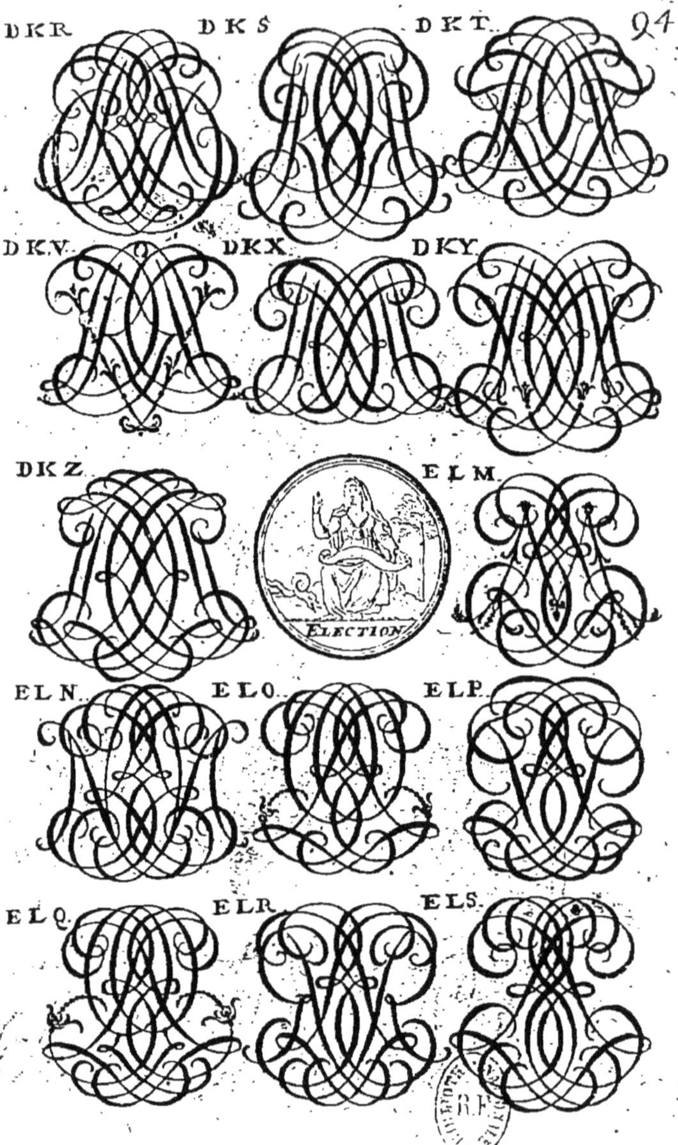
DKR
DKS
DKT
DKV
DKX
DKY
DKZ
ELM
ELECTION
ELN
ELO
ELP
ELQ
ELR
ELS

ELT ELV ELX

ELY ELZ

FMN FMO FMP

FMQ FMR FMS

FMT FMV FMX

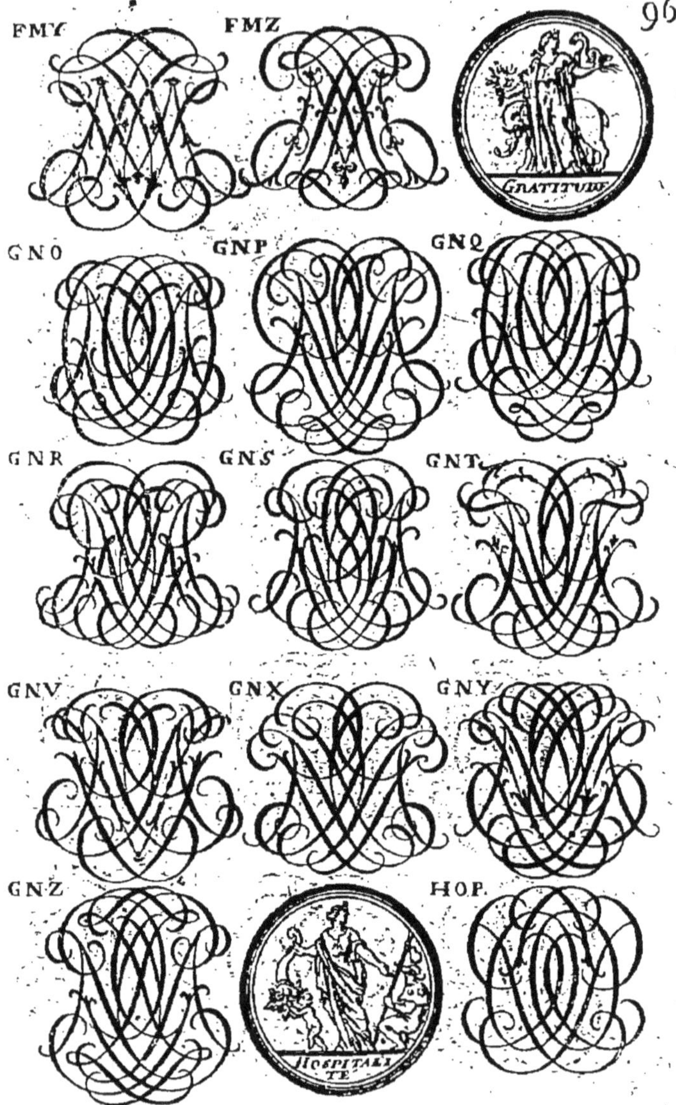

FMY
FMZ
GRATITUDE
GNO
GNP
GNQ
GNR
GNS
GNT
GNV
GNX
GNY
GNZ
HOSPITALI
TE
HOP.

HOQ HOR HOS

HOT HOV HOX

HOY HOZ

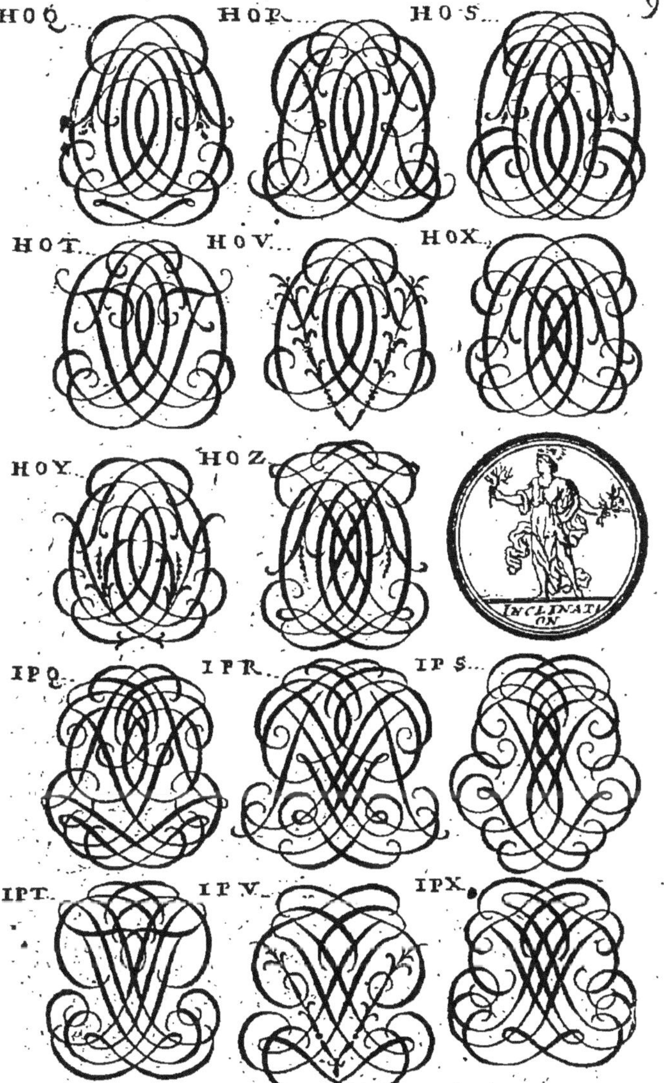

IPQ IPR IPS

IPT IPV IPX

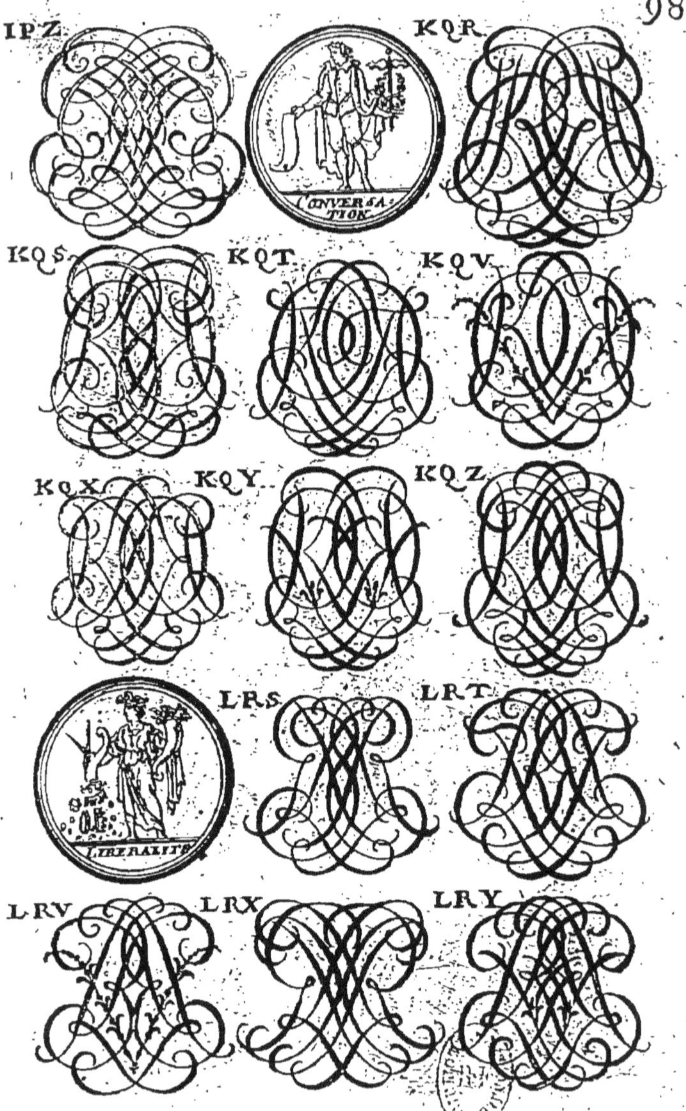
IPZ
KQR
CONVERSA TION
KQS
KQT
KQV
KQX
KQY
KQZ
LIBERALITE
LRS
LRT
LRV
LRX
LRY

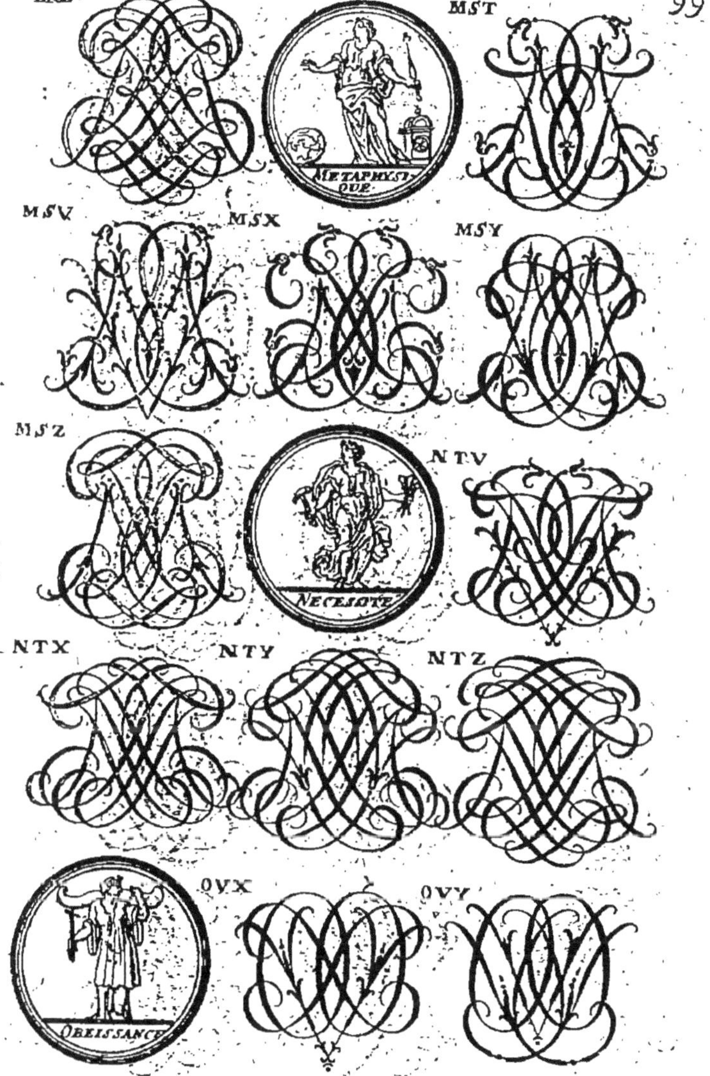

LRZ
MST
METAPHYSI-QUE
MSV
MSX
MSY
MSZ
NTV
NECESSITE
NTX
NTY
NTZ
OVX
OVY
OBEISSANCE

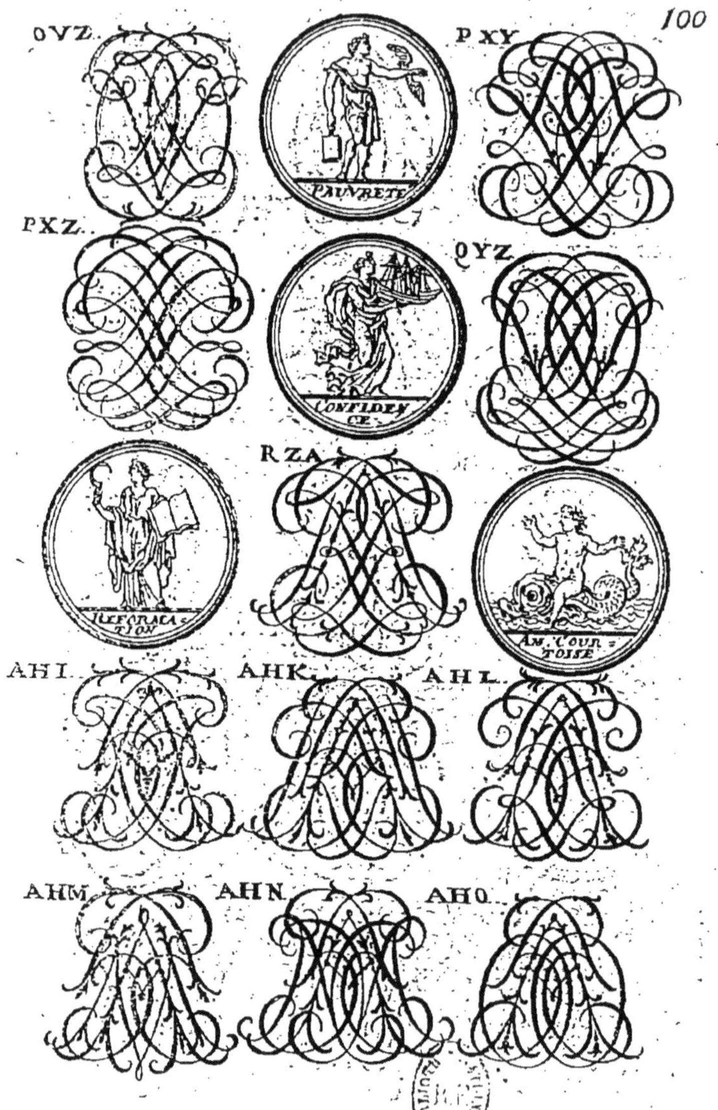
OVZ
PXY
PXZ
OYZ
RZA
AHI
AHK
AHL
AHM
AHN
AHO
PAUVRETE
CONFIDEN CE
REFORMA TION
AN COUR TOISE

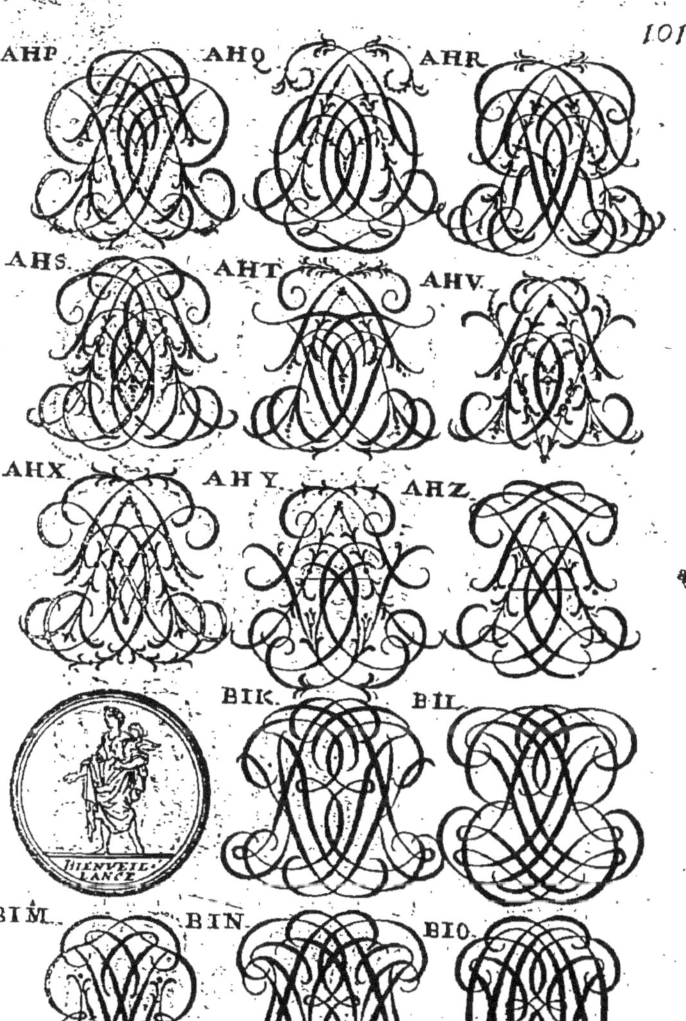

AHP
AHQ
AHR
AHS
AHT
AHV
AHX
AHY
AHZ
BIK
BIL
BIENVEIL LANCE
BIM
BIN
BIO

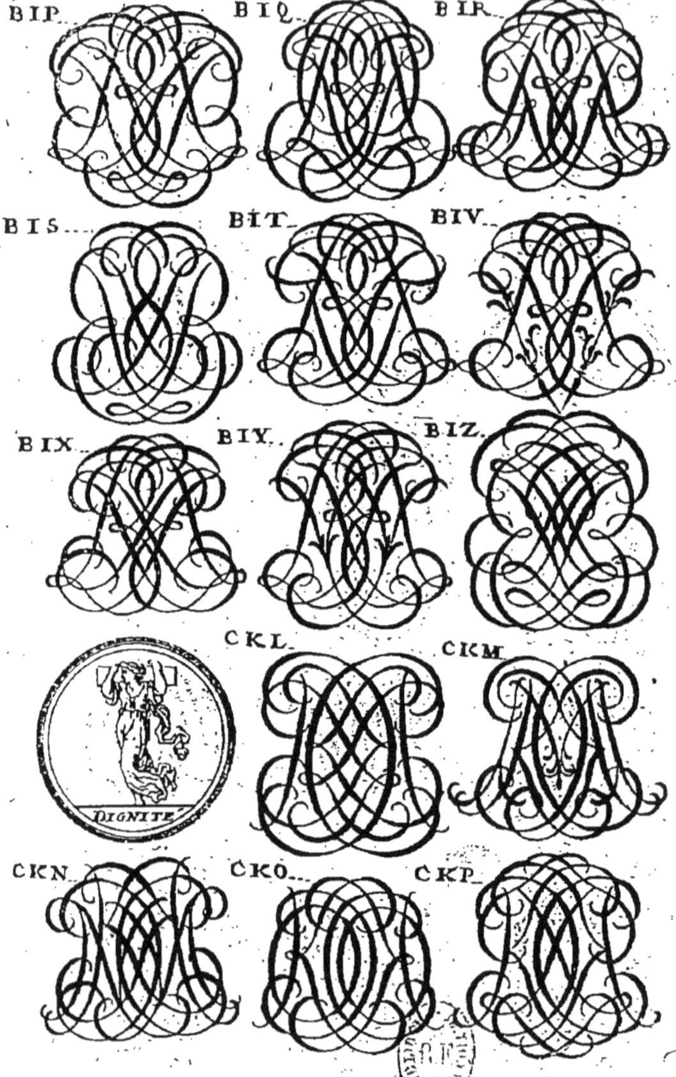
BIP
BIQ
BIR
BIS
BIT
BIV
BIX
BIY
BIZ
CKL
CKM
DIGNITE
CKN
CKO
CKP

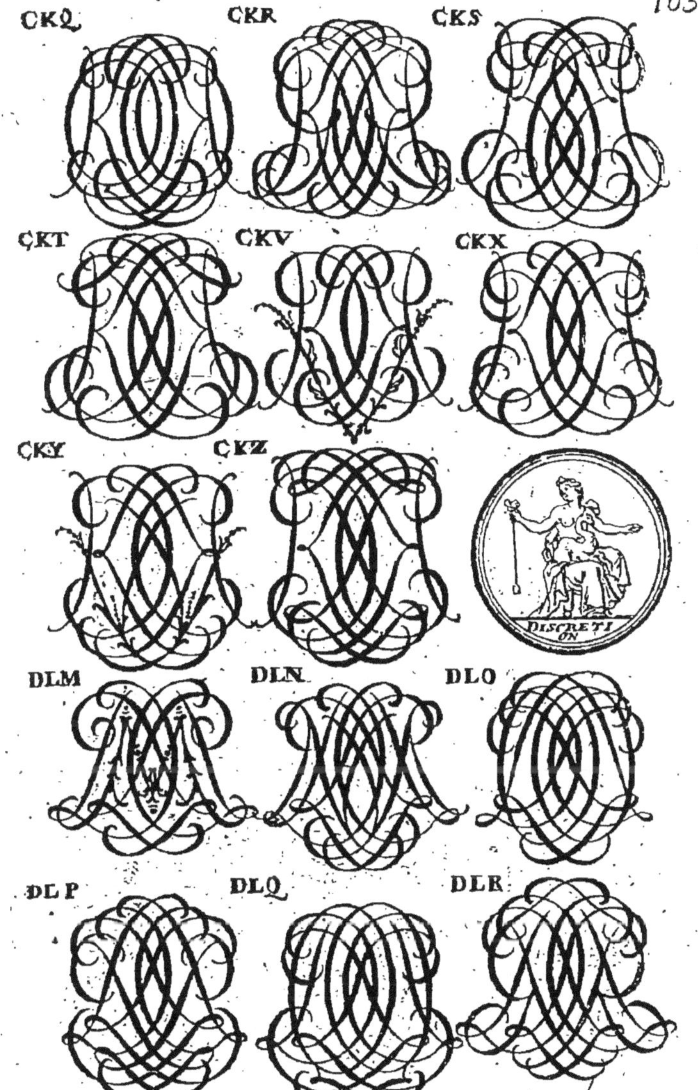

CKQ
CKR
CKS
CKT
CKV
CKX
CKY
CKZ
DISCRETI ON
DLM
DLN
DLO
DLP
DLQ
DLR

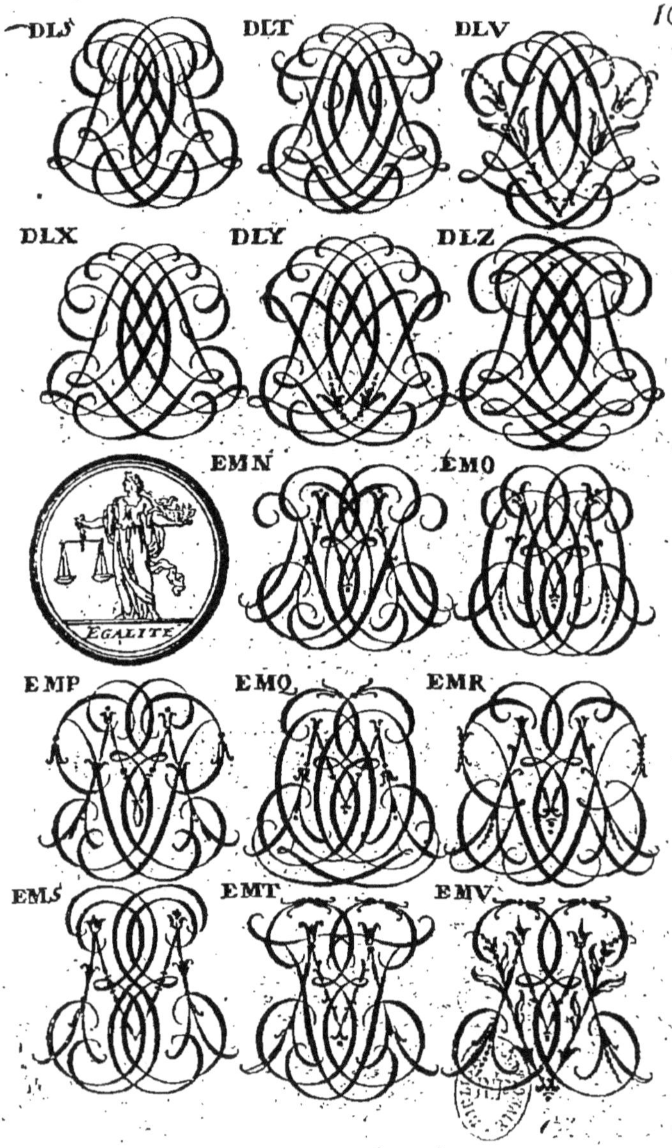
DLS
DLT
DLV
DLX
DLY
DLZ
EGALITE
EMN
EMO
EMP
EMQ
EMR
EMS
EMT
EMV

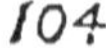

EMX
EMY
EMZ
FNO
FNP
FELICITE
FNQ
FNR
FNS
FNT
FNV
FNX
FNY
FNZ
GRACE DIVI
NE

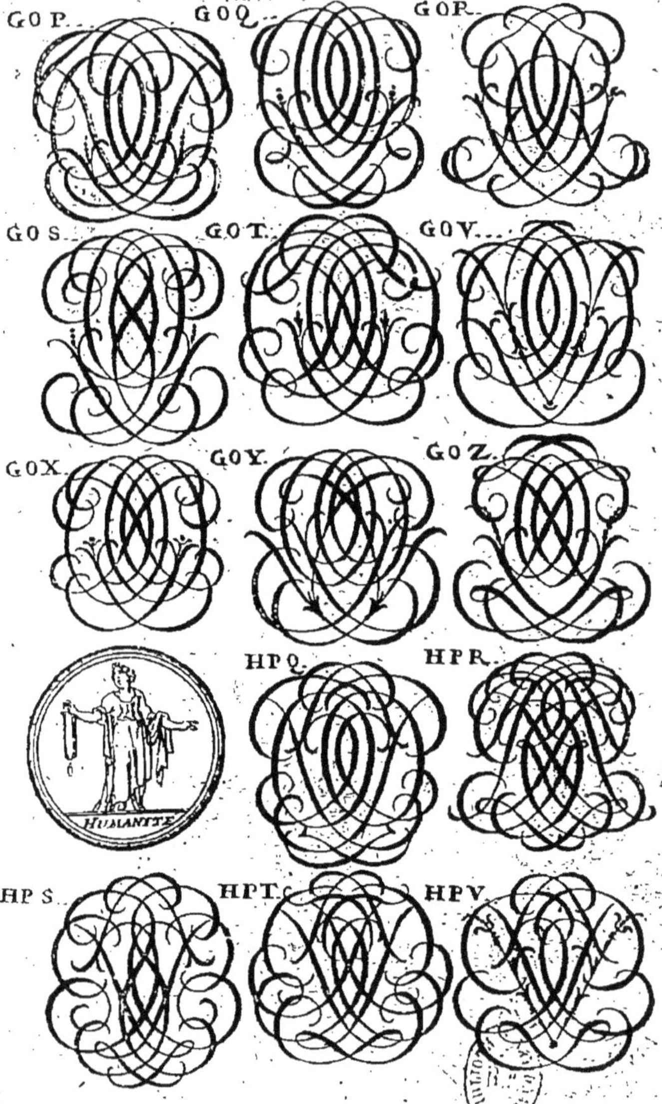

GO P   GO Q   GO R
GO S   GO T   GO V
GO X   GO Y   GO Z
HUMANITÉ   HP Q   HP R
HP S   HP T   HP V

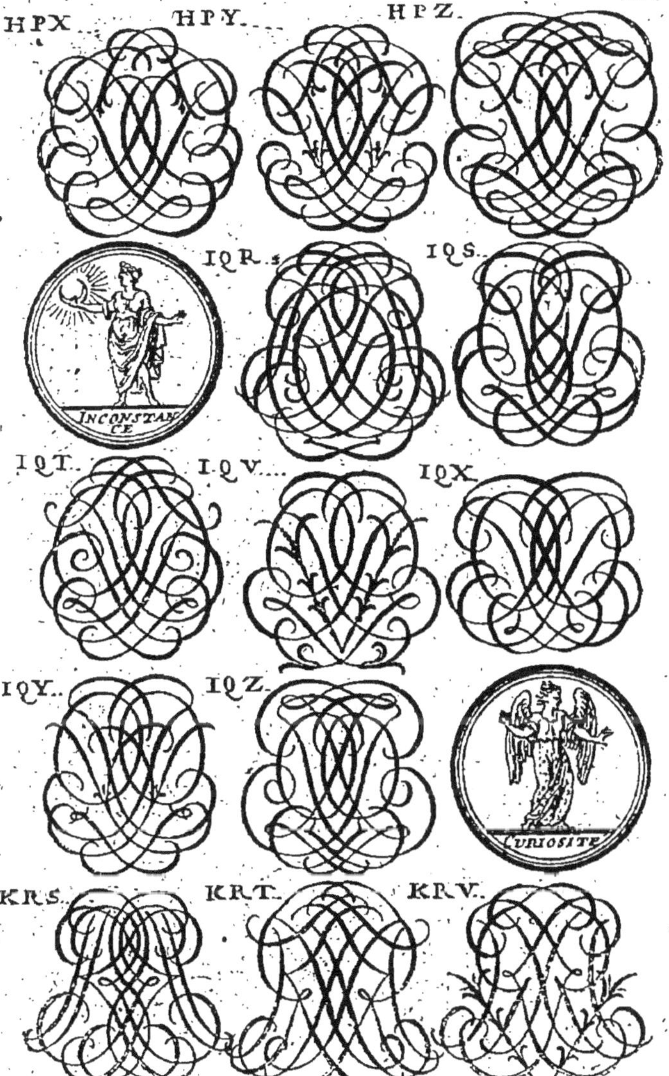

HPX
HPY
HPZ
IQR
IQS
INCONSTAN CE
IQT
IQV
IQX
IQY
IQZ
CURIOSITÉ
KRS
KRT
KRV

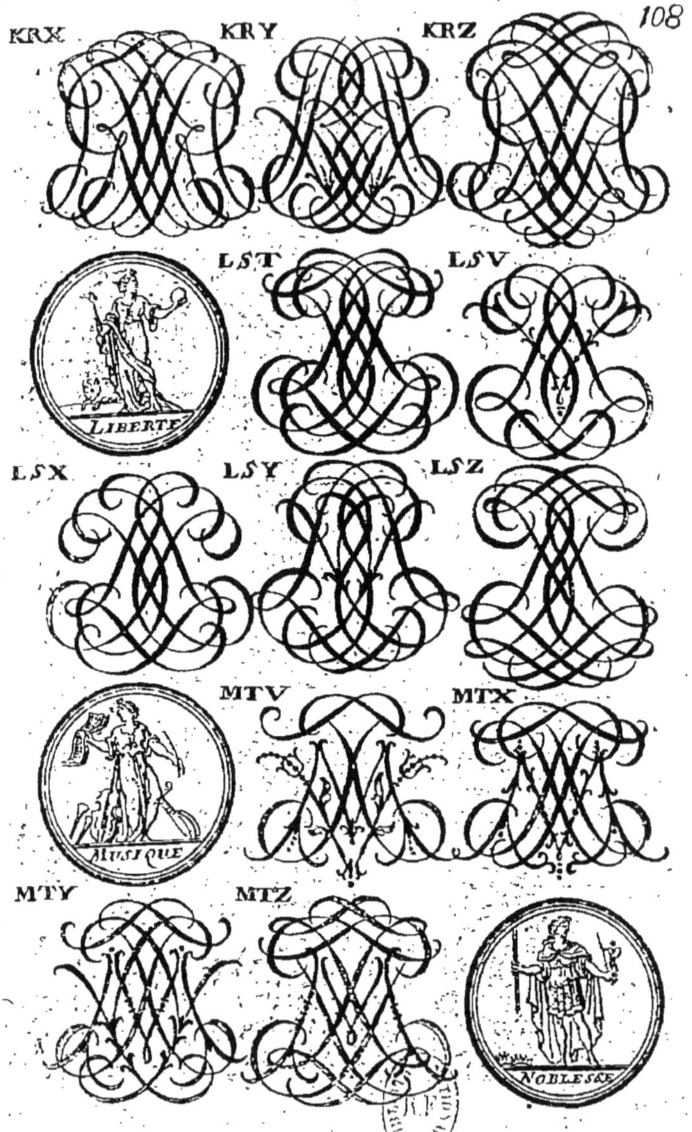

KRX
KRY
KRZ
LST
LSV
LIBERTE
LSX
LSY
LSZ
MTV
MTX
MUSIQUE
MTY
MTZ
NOBLESSE

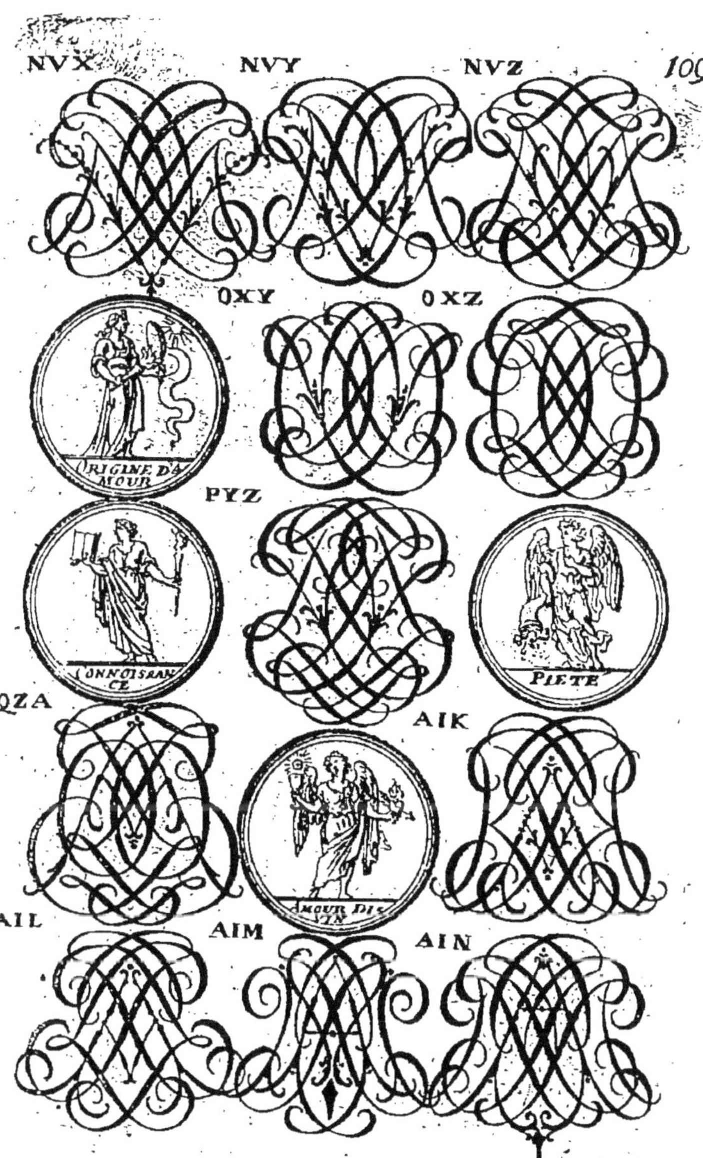

NVX
NVY
NVZ
OXY
OXZ
ORIGINE D'AMOUR
PYZ
CONNOISSANCE
PIETE
QZA
AIK
AMOUR DIVIN
AIL
AIM
AIN

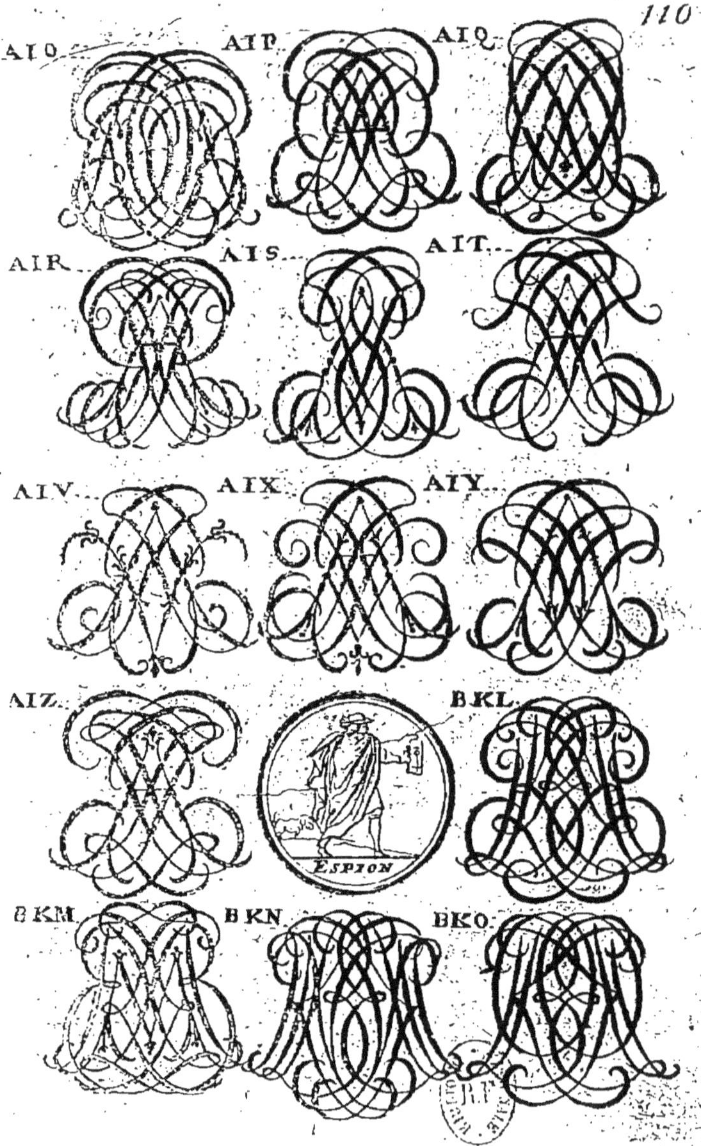
AIO
AIP
AIQ
AIR
AIS
AIT
AIV
AIX
AIY
AIZ
BKL
BKM
BKN
BKO
ESPION

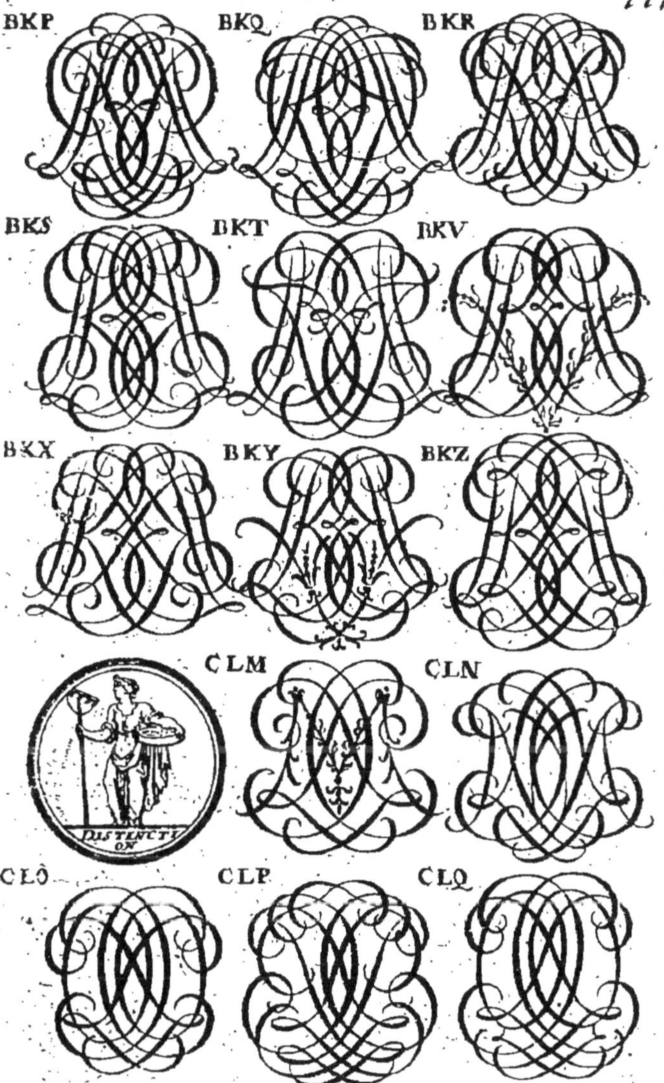

BKP
BKQ
BKR
BKS
BKT
BKV
BKX
BKY
BKZ
CLM
CLN
DISTINCTION
CLO
CLP
CLQ

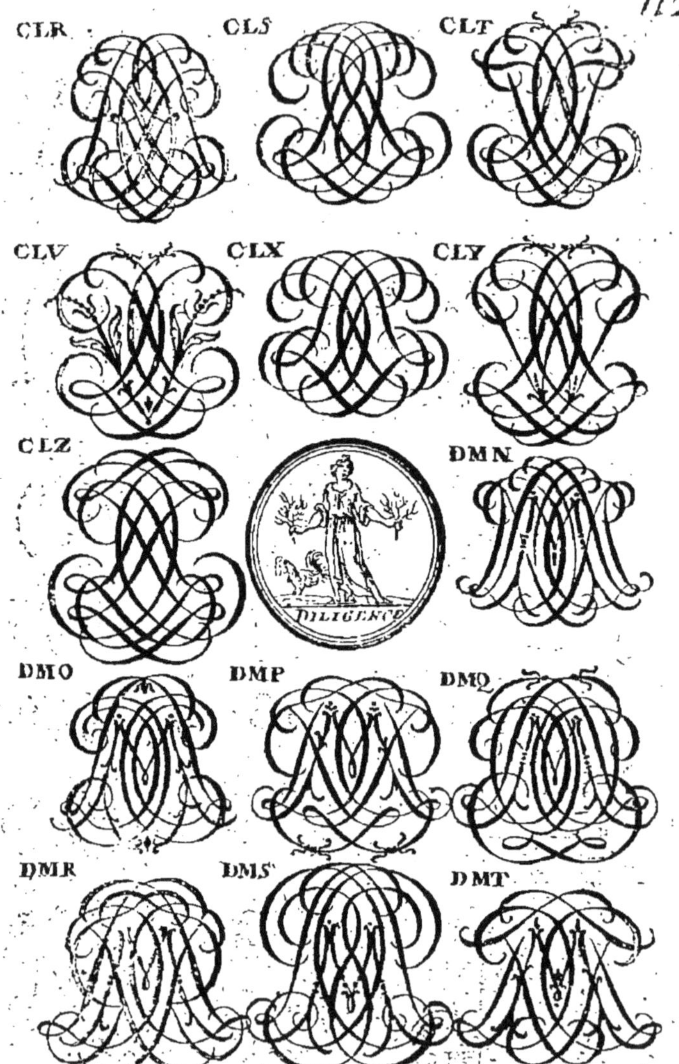
CLR
CLS
CLT
CLV
CLX
CLY
CLZ
DMN
DMO
DMP
DMQ
DMR
DMS
DMT
DILIGENCE

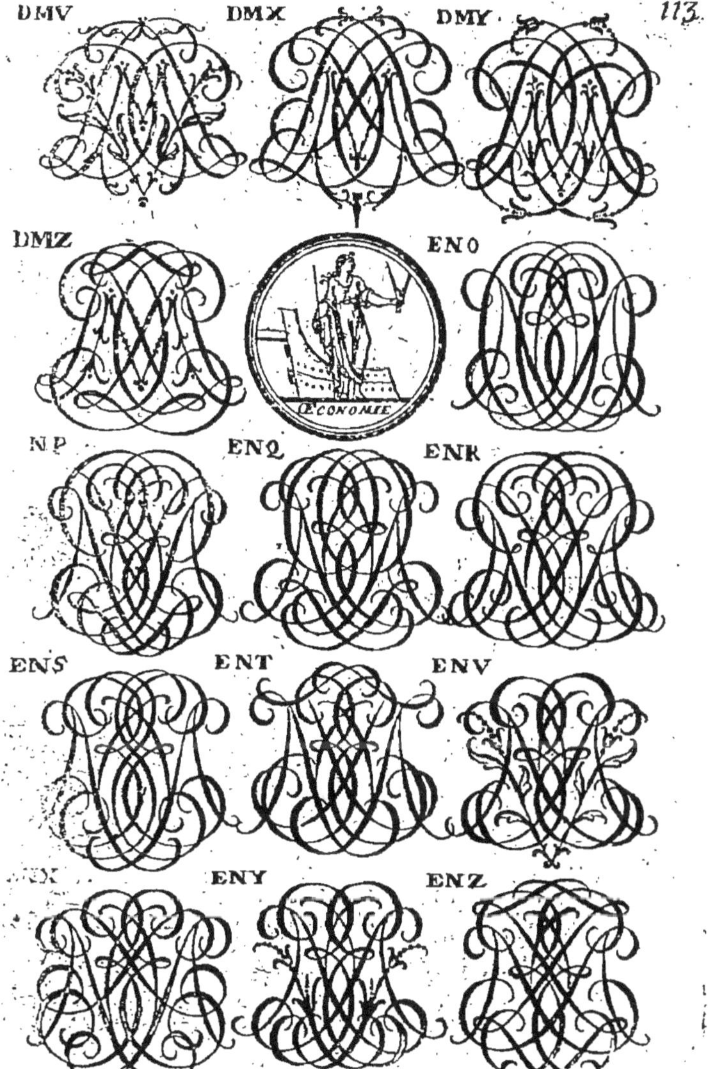

DMV
DMX
DMY
DMZ
ENO
NP
ENQ
ENR
ENS
ENT
ENV
EX
ENY
ENZ
ÆCONOMIE

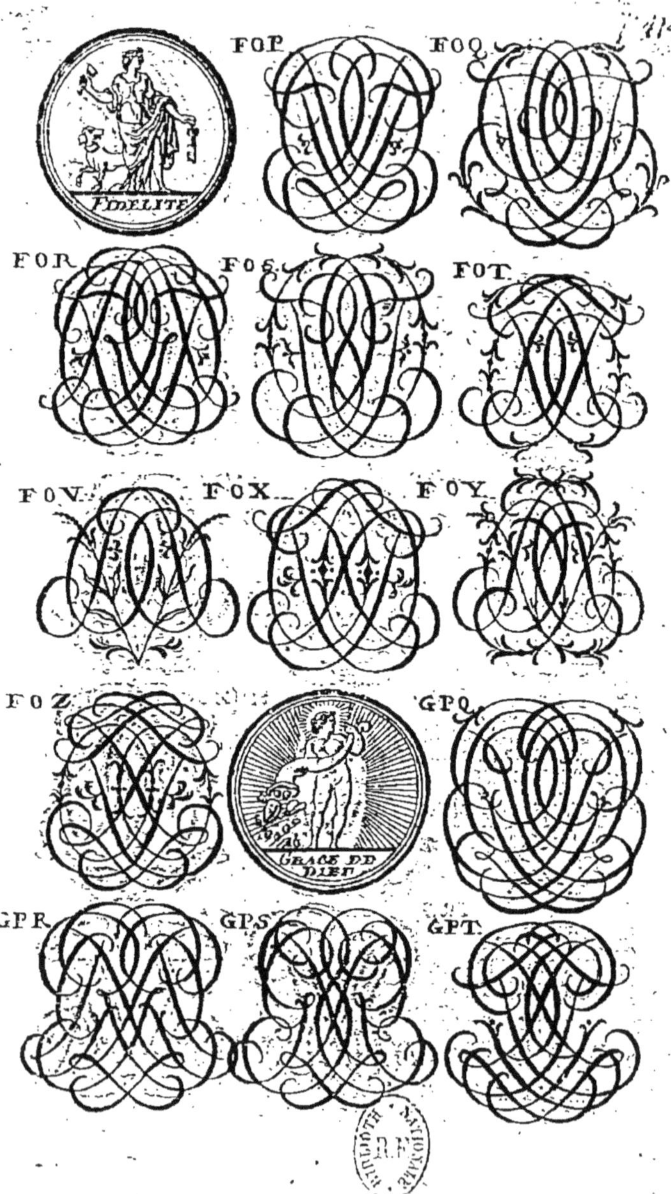
FOP
FOQ
FIDELITE
FOR
FOS
FOT
FOV
FOX
FOY
FOZ
GRACE DE DIEU
GPQ
GPR
GPS
GPT

GPV.   GPX   GPY

GPZ   HQR

HQS   HQT   HQV

HQX   HQY   HQZ

IRS   IRT

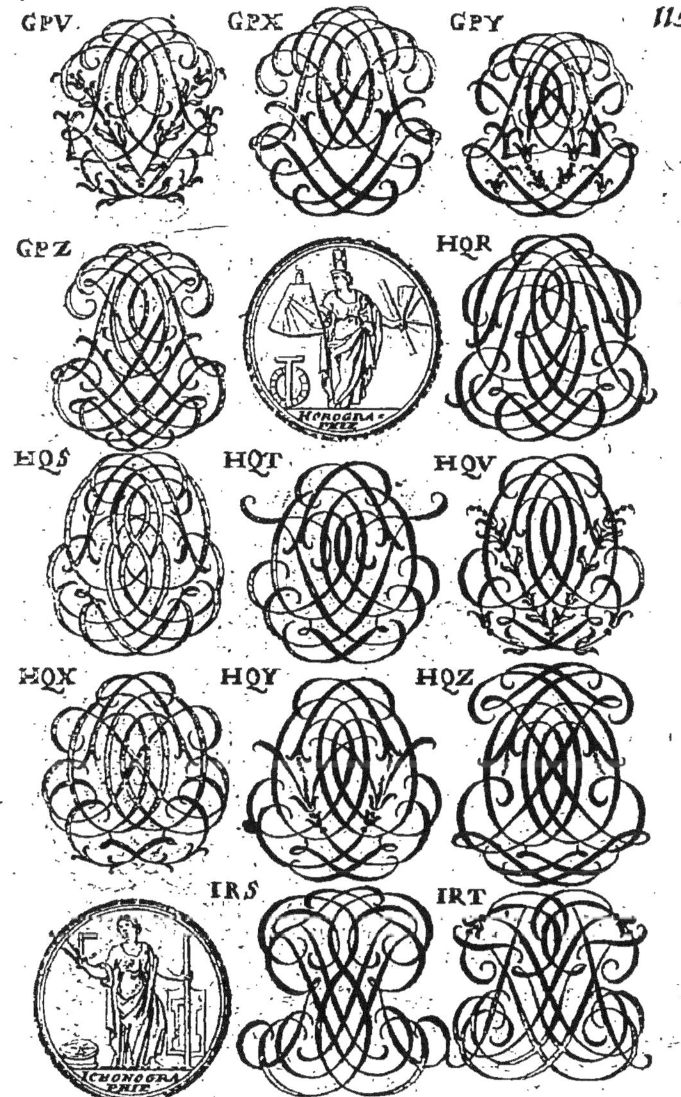

IRV
IRX
IRY
IRZ
KST
KSV
KSX
KSY
KSZ
LTV
CONCORDE
LOY CANONIQUE
LTX
LTY
LTZ

MVX
MVY
MVZ
NXY
NXZ
NOVEMBRE
OYZ
ORIENT
POLYMNIE
PZA
AKL
ARTIFICE
AKM
AKN
AKO

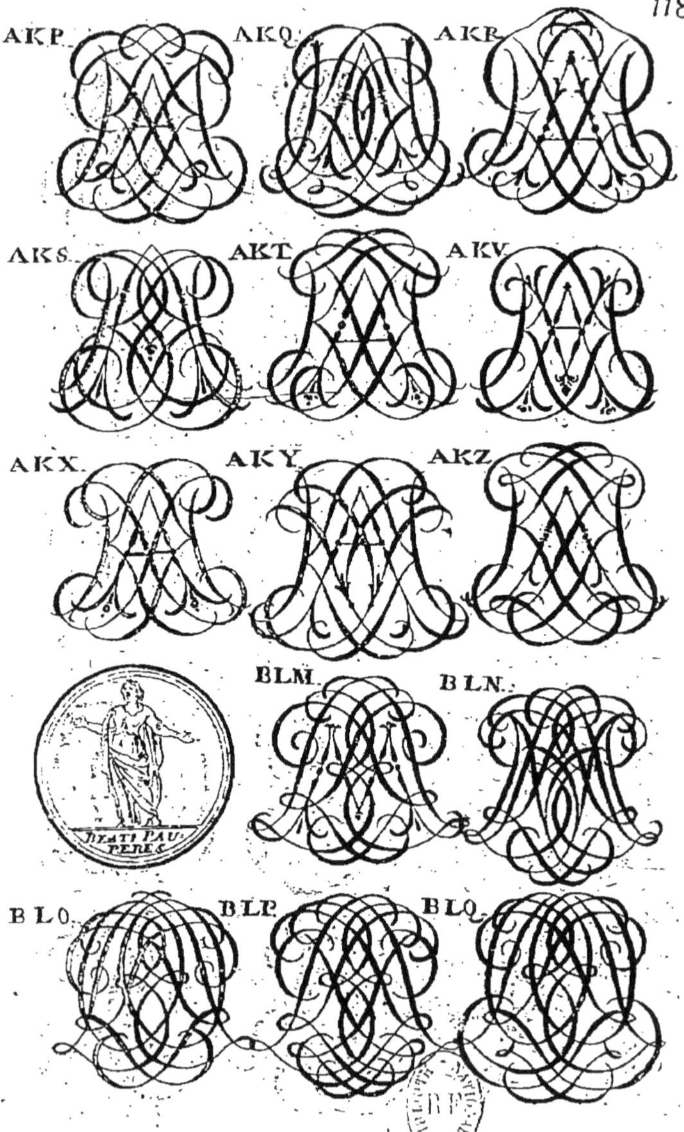
AKP AKQ AKR
AKS AKT AKV
AKX AKY AKZ
BLM BLN
BLATI PAU:
PERES
BLO BLP BLQ

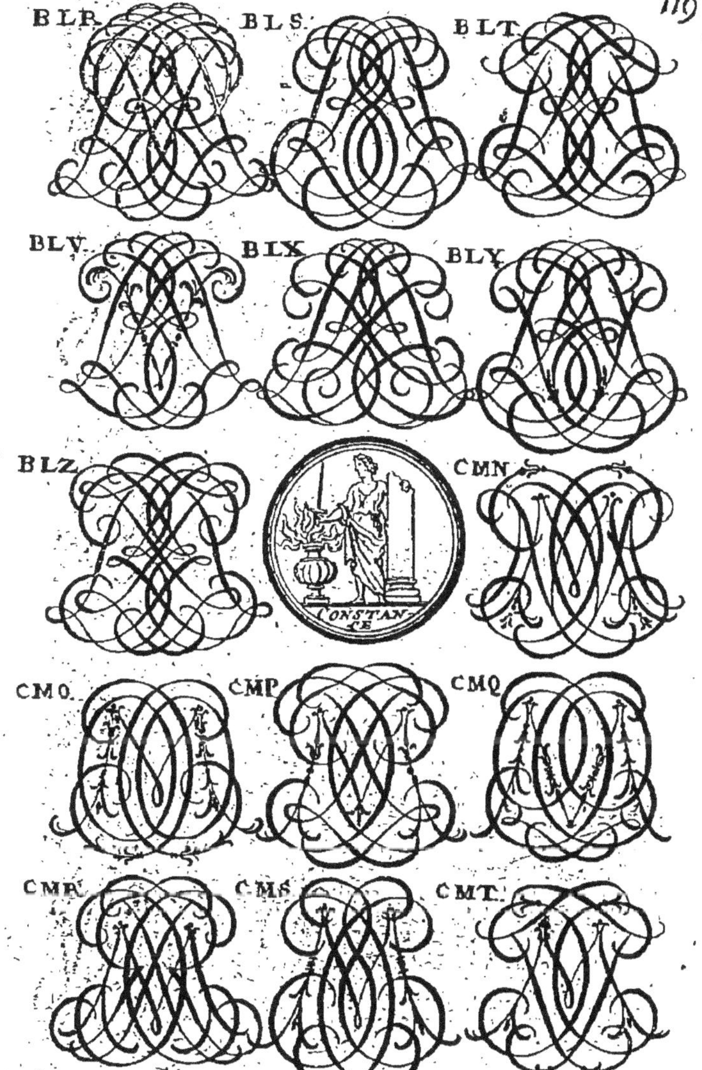

BLR
BLS
BLT
BLV
BLX
BLY
BLZ
CONSTAN CE
CMN
CMO
CMP
CMQ
CMR
CMS
CMT

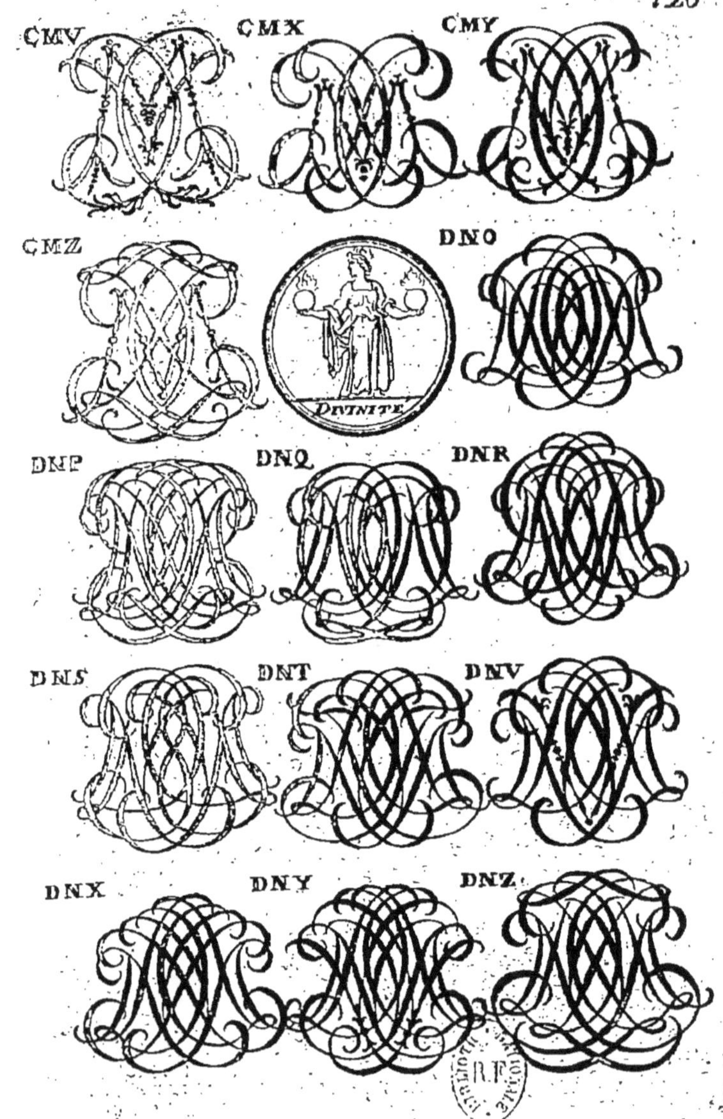

CMV
CMX
CMY
CMZ
DNO
DNP
DNQ
DNR
DNS
DNT
DNV
DNX
DNY
DNZ
DIVINITE

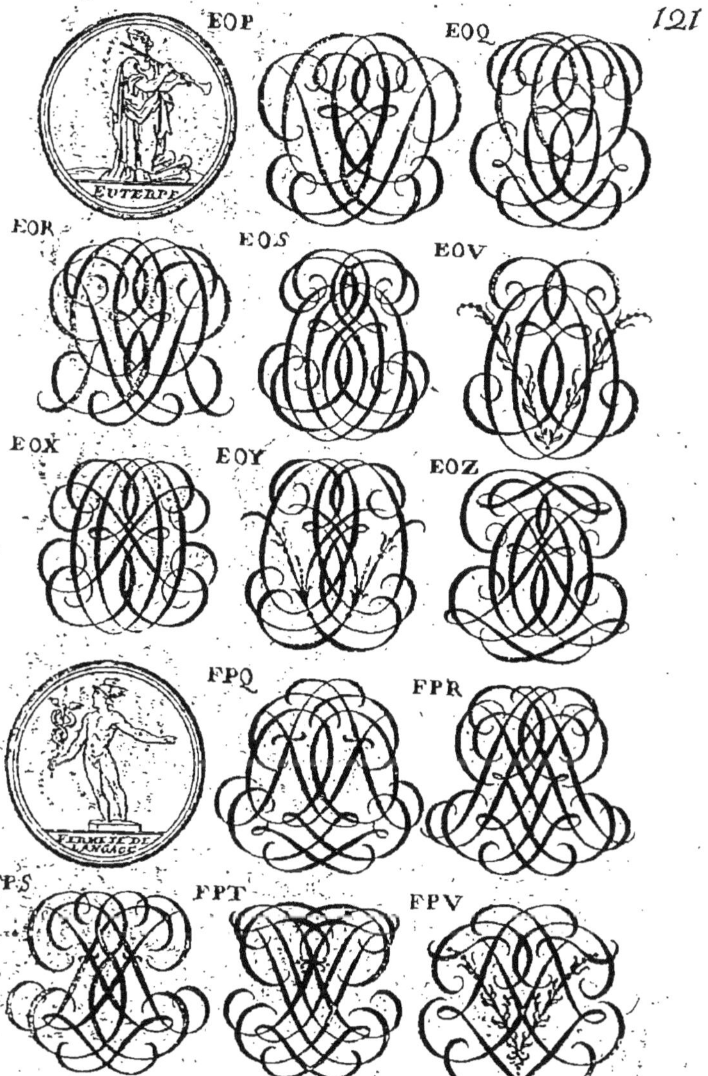
EOP
EOQ
EUTERPE
EOR
EOS
EOV
EOX
EOY
EOZ
FPQ
FPR
FERMETE DE
LANGAGE
FPS
FPT
FPV

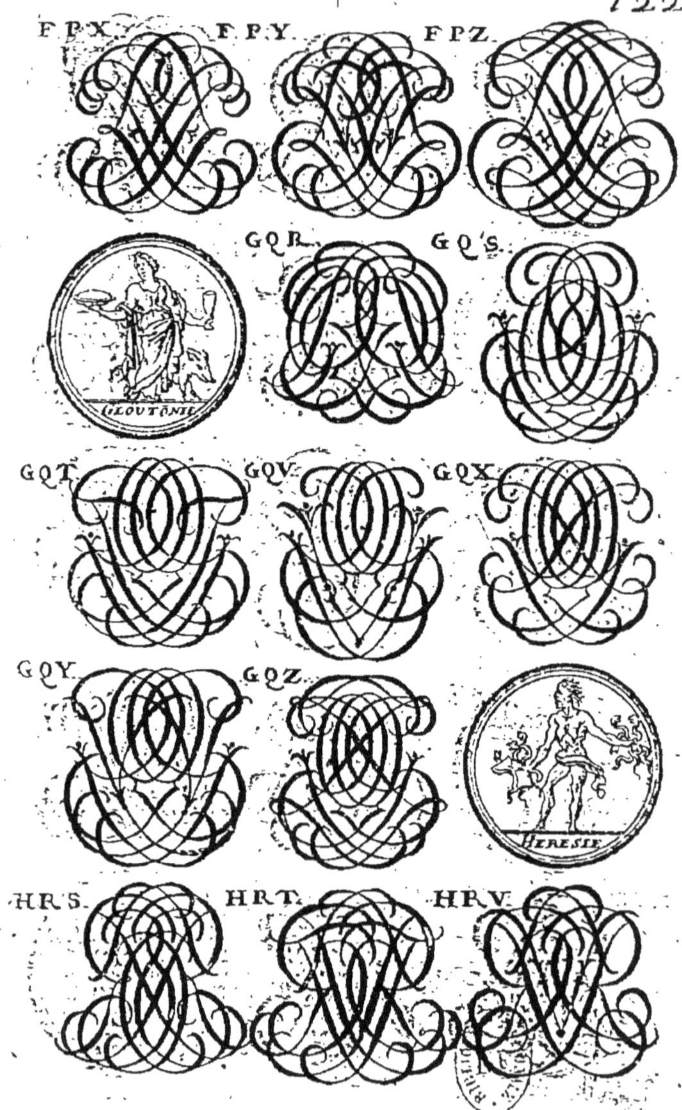

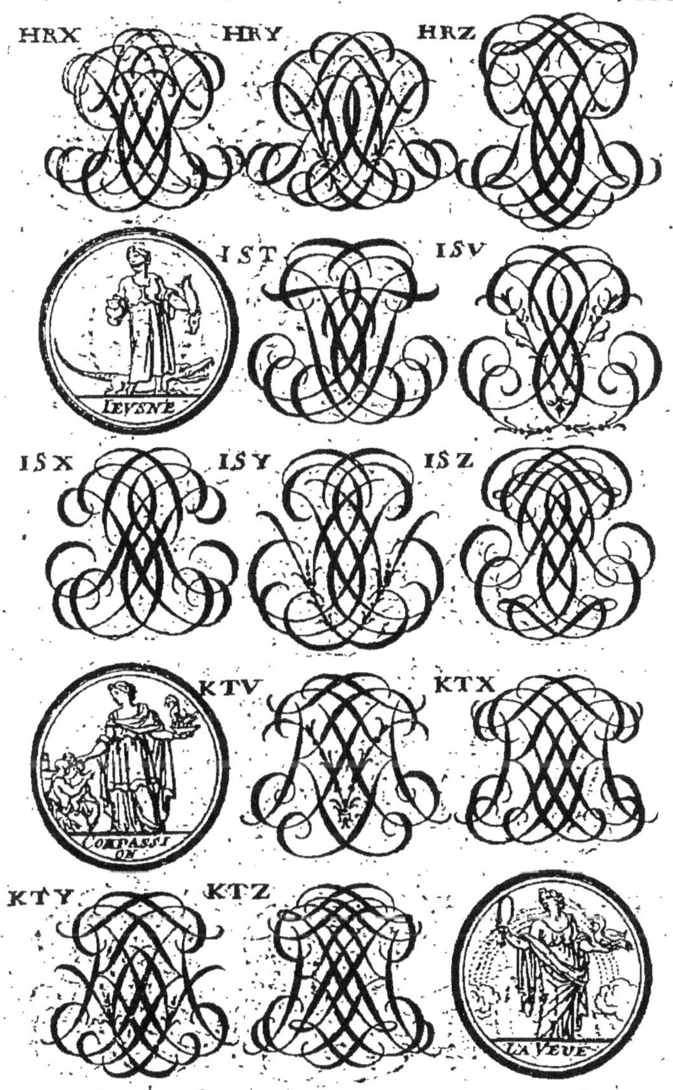
HRX
HRY
HRZ
IST
ISV
LEVSNE
ISX
ISY
ISZ
KTV
KTX
COMPASSION
KTY
KTZ
LA VEUE

LVX LVY  LVZ

MXY  MXZ

NYZ  OZA

ALM  ALN

ALO 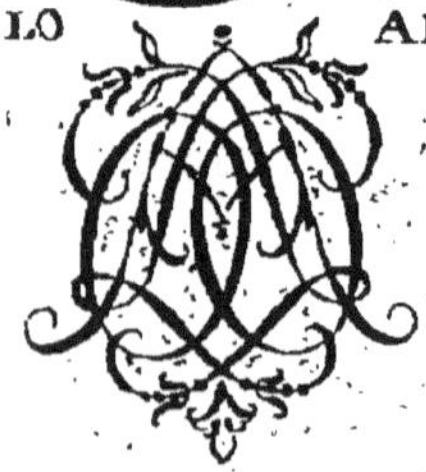 ALP  ALQ

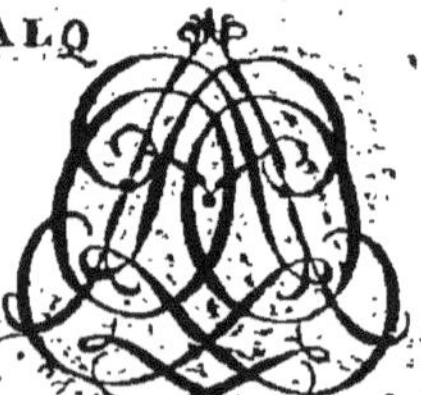

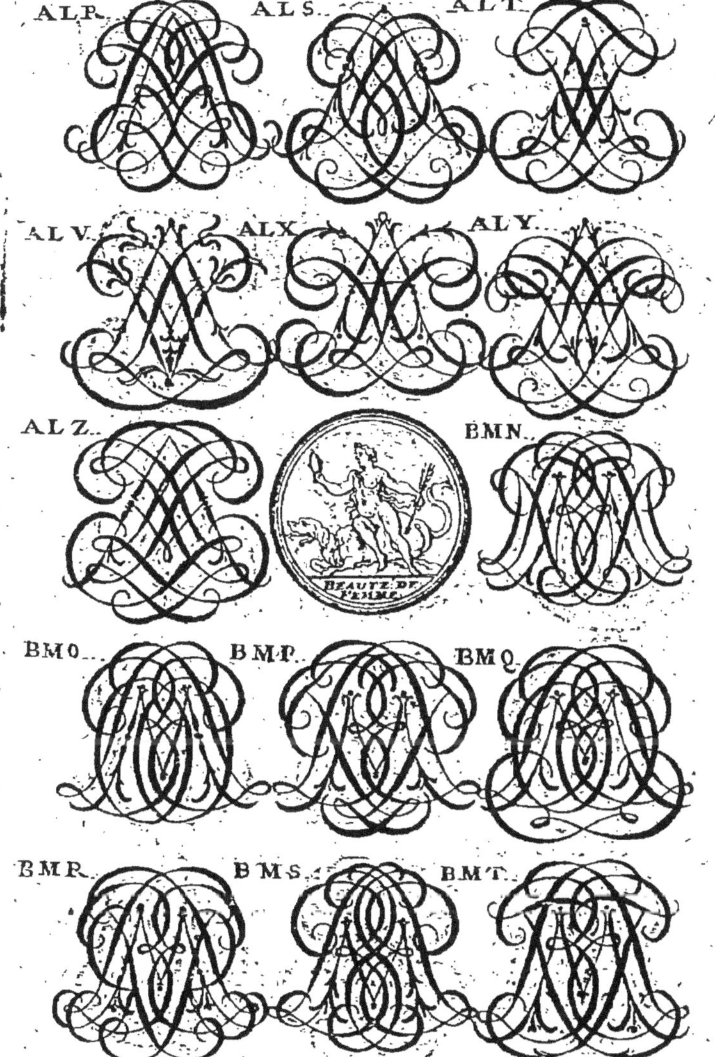
ALP
ALS
ALT
ALV
ALX
ALY
ALZ
BMN
BEAUTÉ DE FEMME
BMO
BMP
BMQ
BMR
BMS
BMT

DOP DOQ  DOR

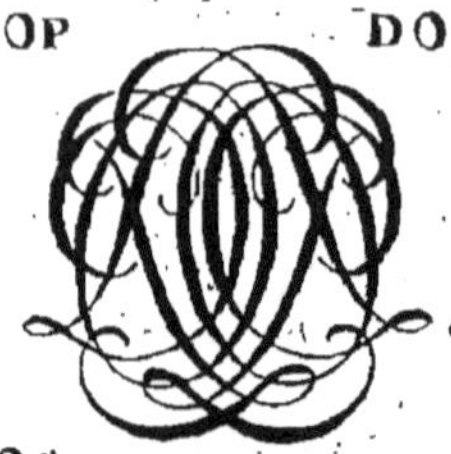

DOS  DOT 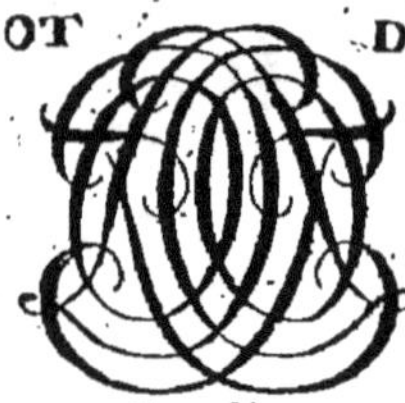 DOV

DOX 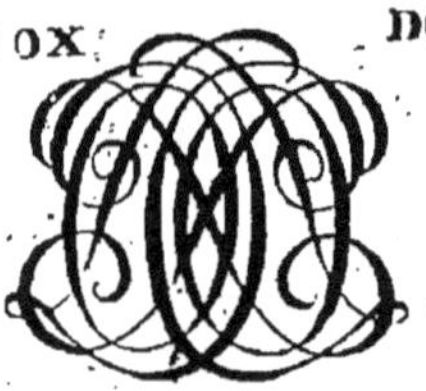 DOY 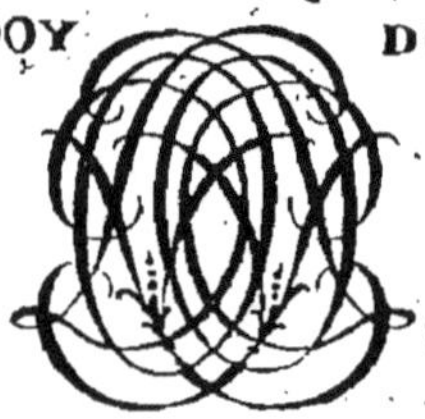 DOZ

EPQ  EPR

ERASTO

EPS  EPT  EPV

BMV BMX BMY

BMZ CNO

CNP CNQ CNR

CNS CNT CNV

CNX CNY CNZ

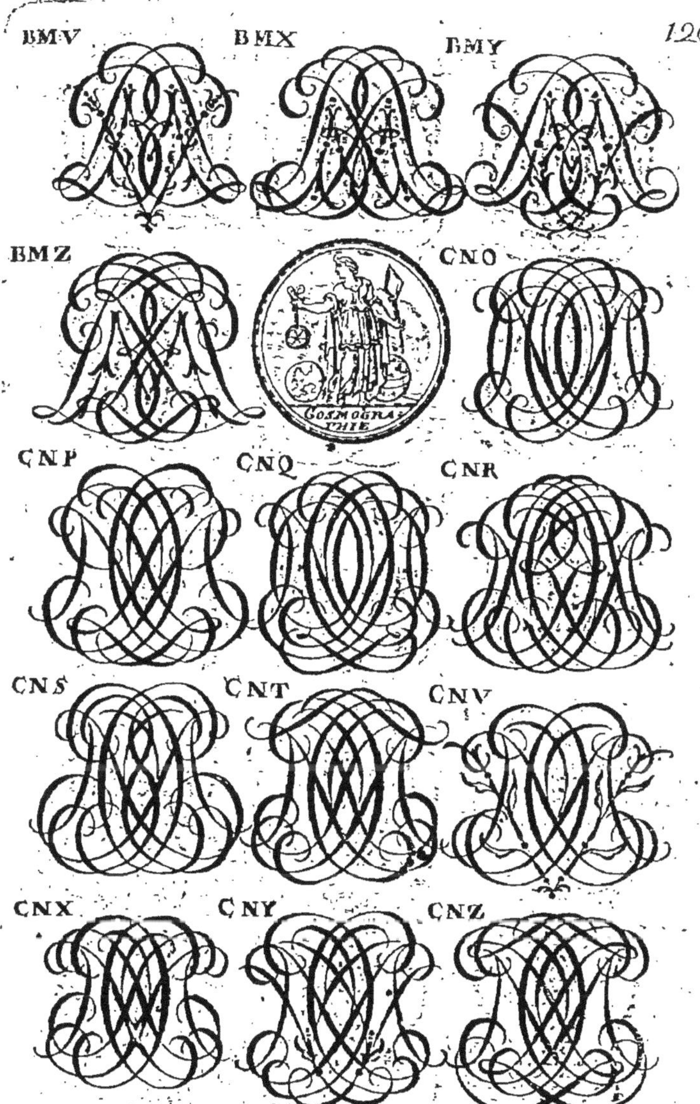

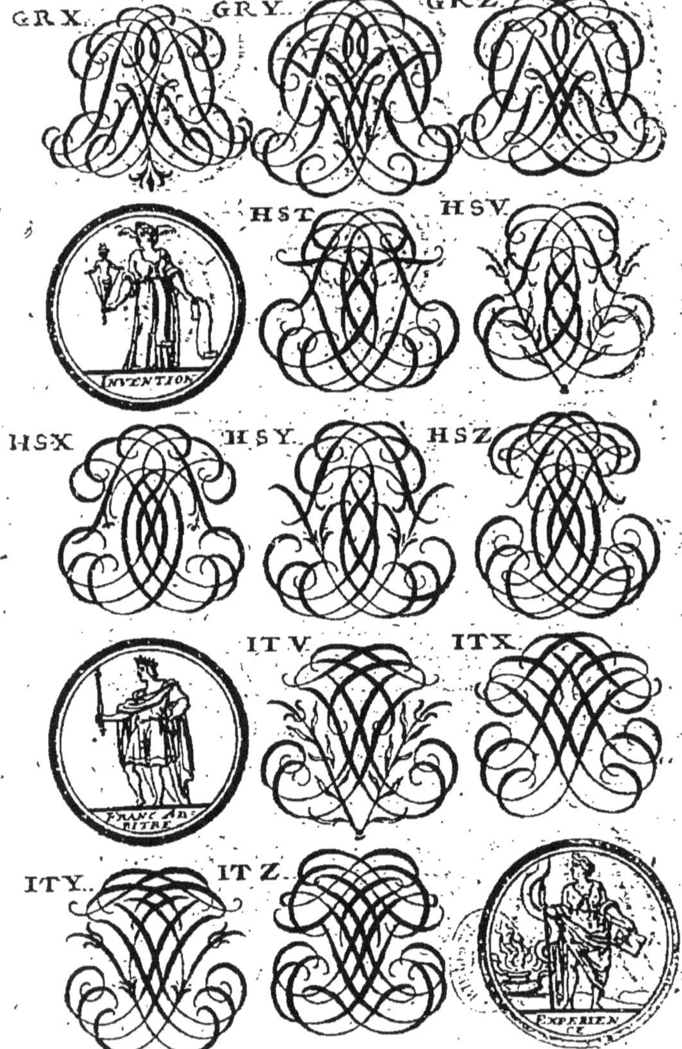
GRX.
GRY.
GRZ.
HST.
HSV.
INVENTION
HSX.
HSY.
HSZ.
ITV.
ITX.
FRANC. AD. RITRE.
ITY.
ITZ.
EXPERIEN CE

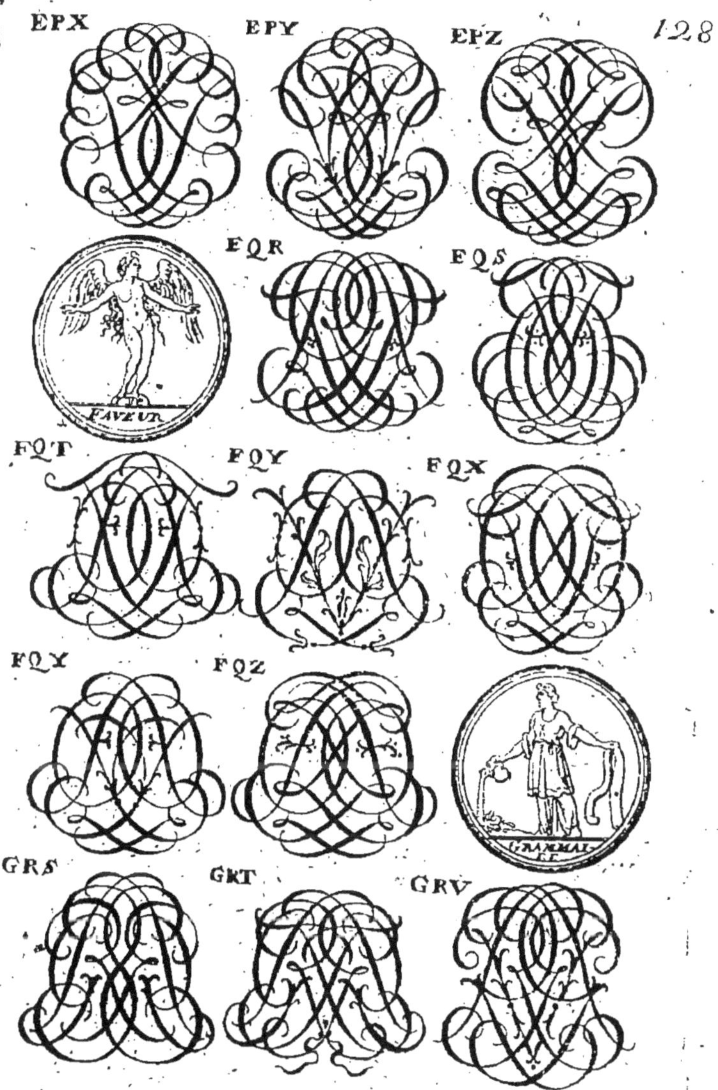

EPX
EPY
EPZ
128
EQR
EQS
FAVEVR
FQT
FQV
FQX
FQY
FQZ
GRAMMA
GRS
GRT
GRV
128

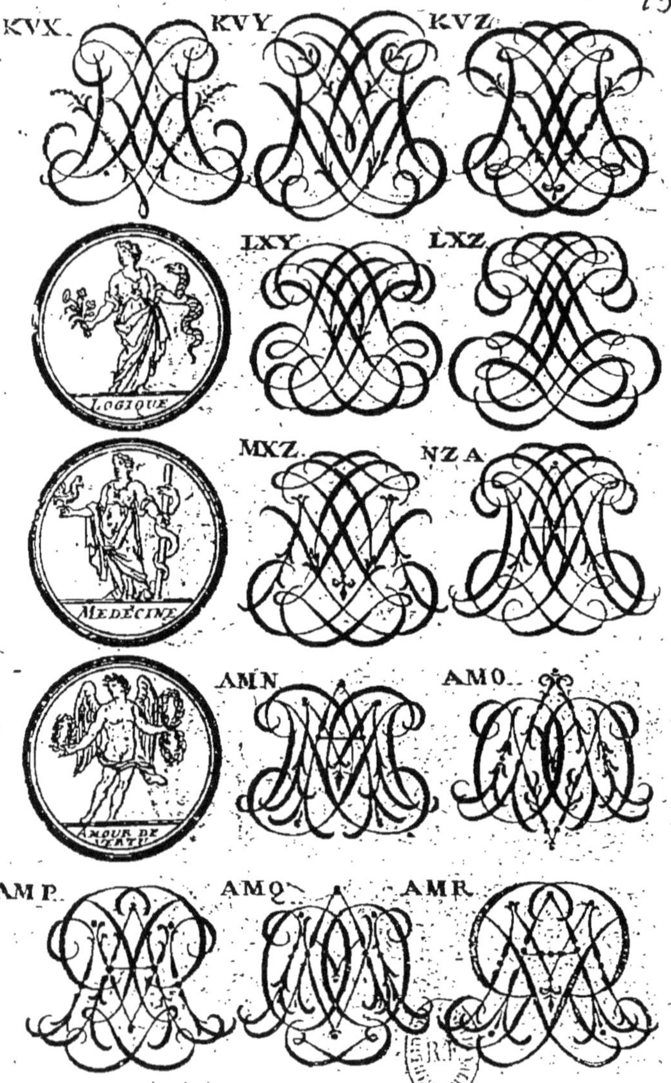
KVX.
KVY.
KVZ.
LOGIQUE
LXY.
LXZ.
MEDECINE
MXZ.
NZA.
AMOUR DE
VERTU
AMN.
AMO.
AMP.
AMQ.
AMR.

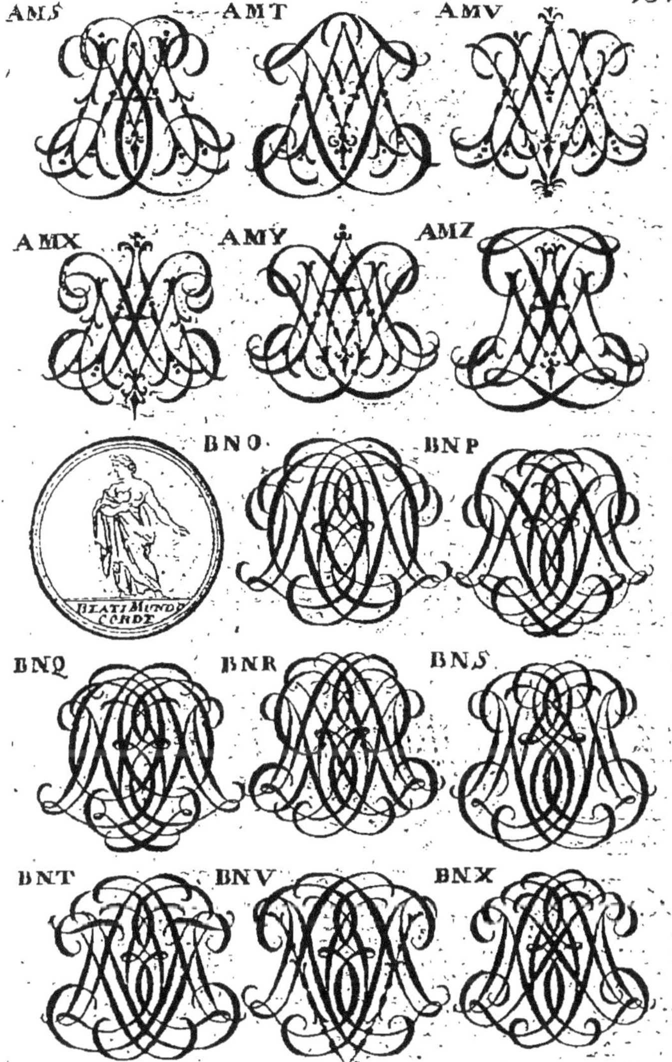
AMS
AMT
AMV
AMX
AMY
AMZ
BNO
BNP
BNQ
BNR
BNS
BNT
BNV
BNX
BEATI MUNDO
CORDE

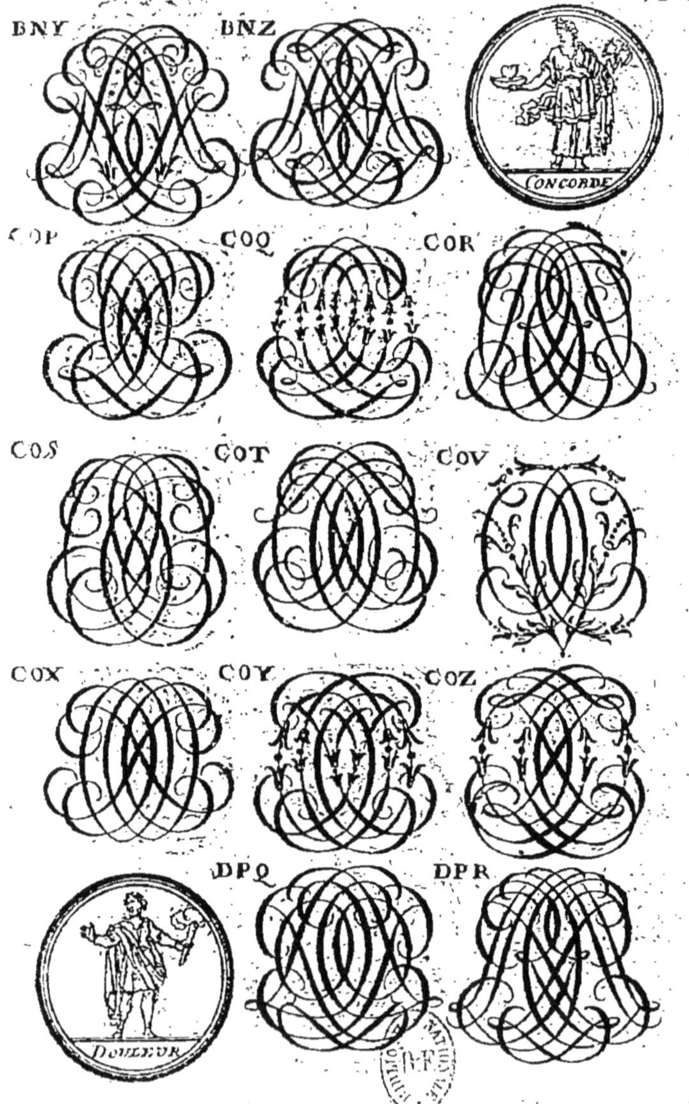
BNY
BNZ
CONCORDE
COP
COQ
COR
COS
COT
COV
COX
COY
COZ
DOULEUR
DPQ
DPR

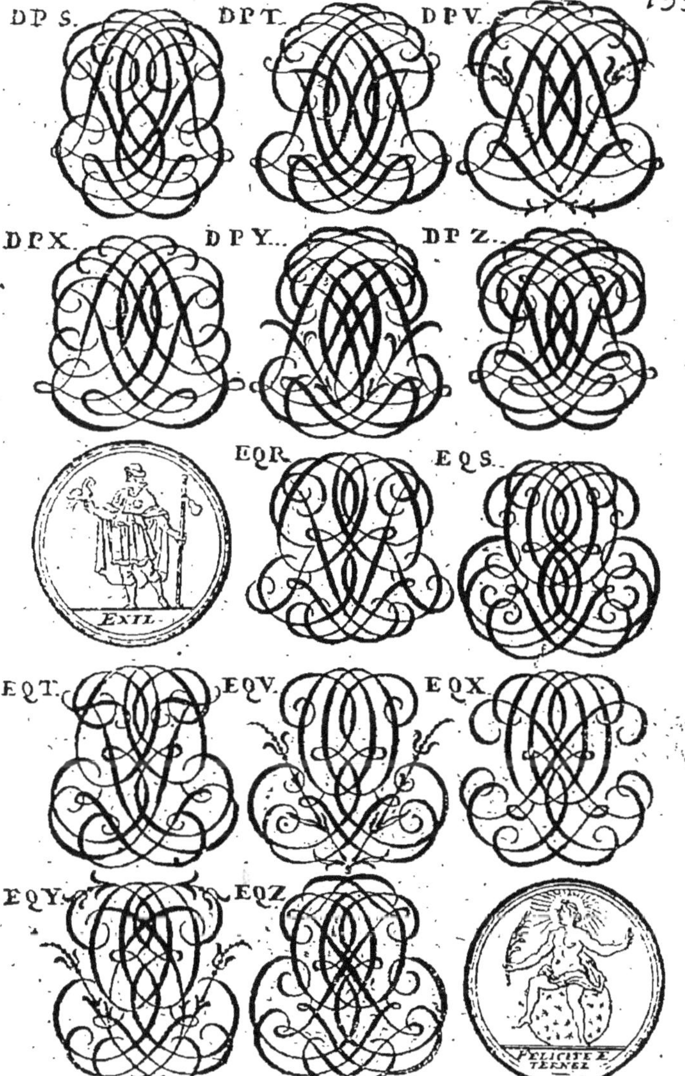
DP S.
DP T.
DP V.
DP X.
DP Y.
DP Z.
EQR.
EQS.
EXIL.
EQT.
EQV.
EQX.
EQY.
EQZ.
FELICITE ETERNEL.

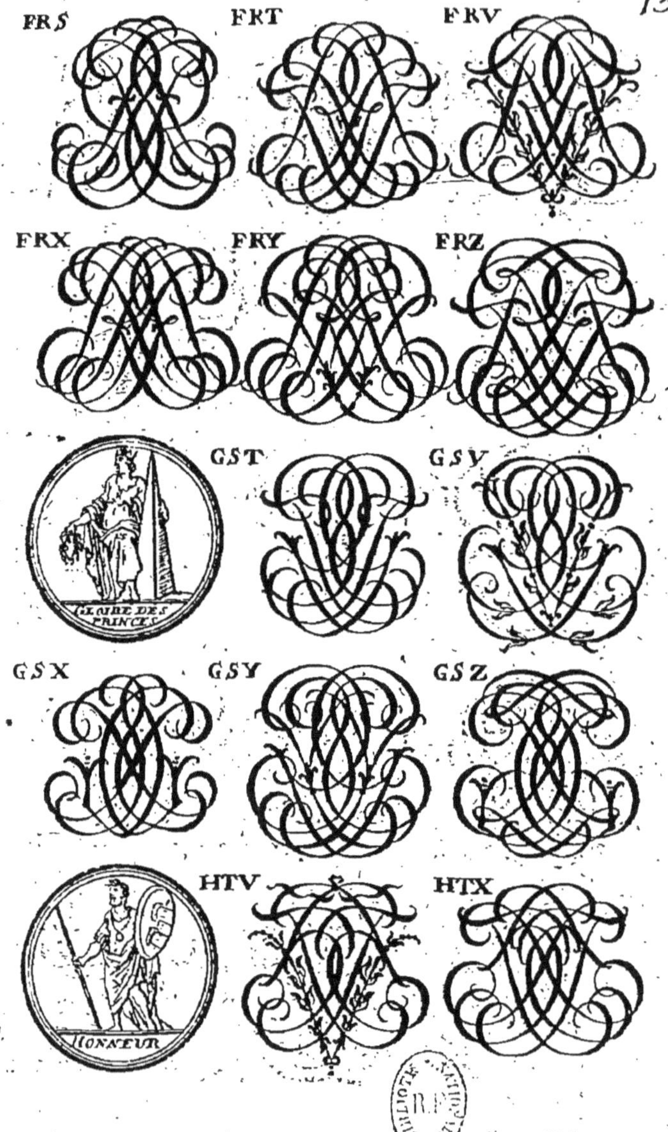
FRS
FRT
FRV
FRX
FRY
FRZ
GST
GSV
GLOIRE DES PRINCES
GSX
GSY
GSZ
HTV
HTX
HONNEUR

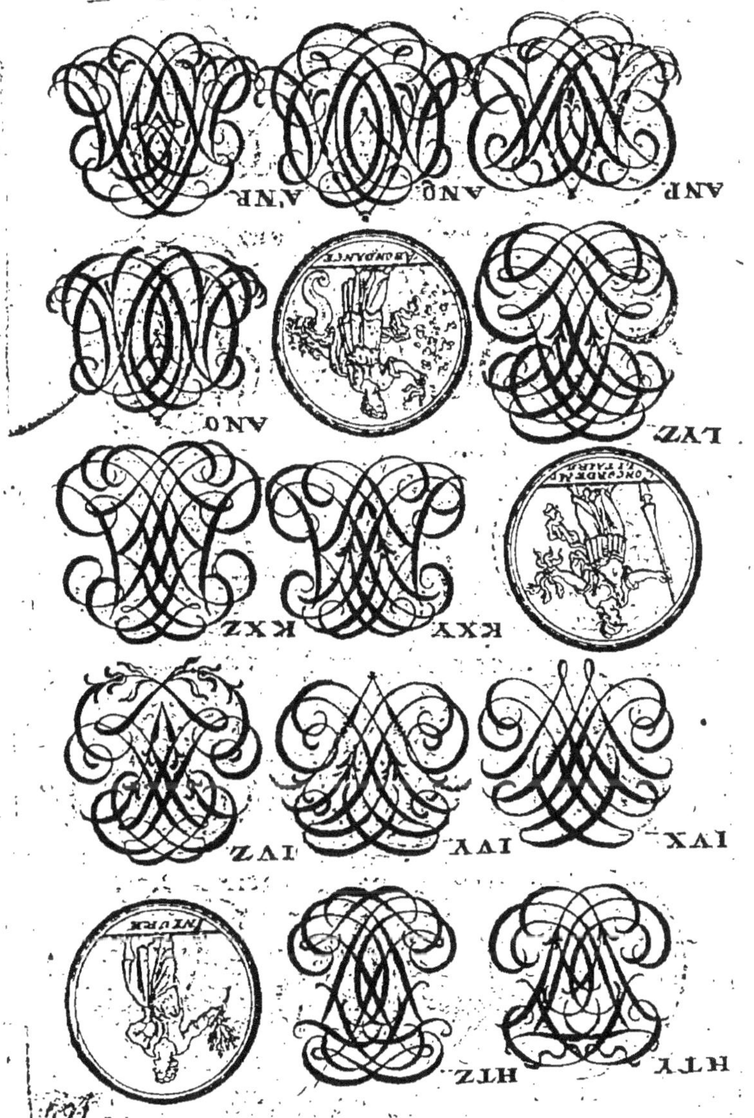

ANP
ANO
ANR
ANO
ABONDANCE
LYZ
KXZ
KXY
CONCORDE ET L'ITALIE
IVZ
IVY
IVX
NATURE
HTZ
HTY

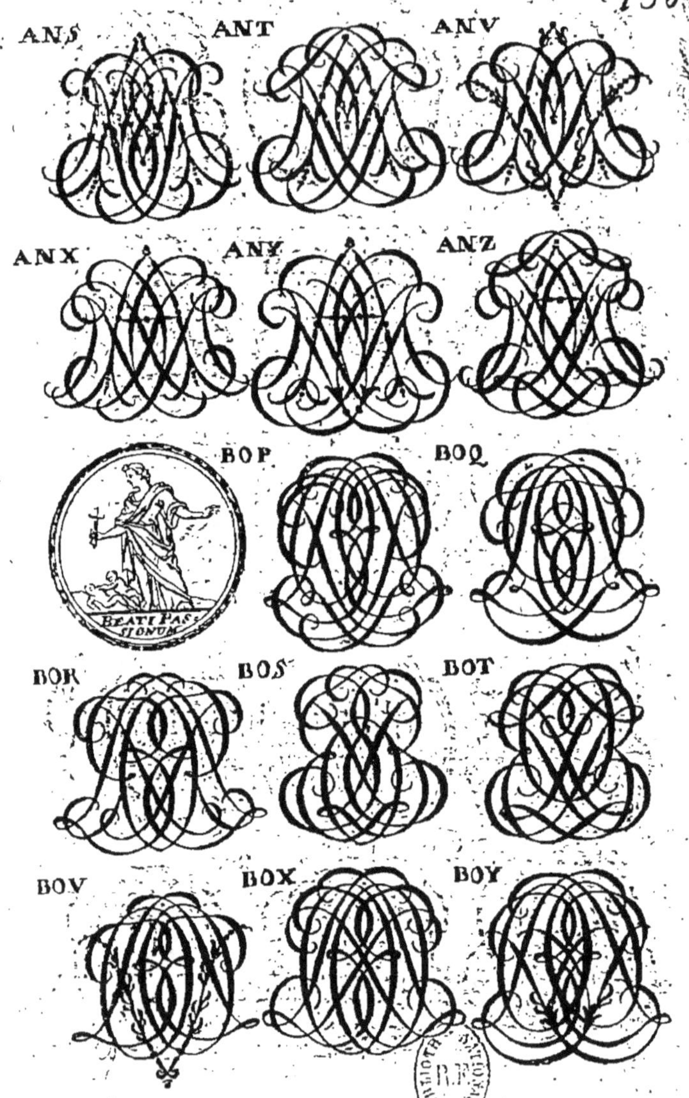

ANS
ANT
ANV
ANX
ANY
ANZ
BOP
BOQ
BOR
BOS
BOT
BOV
BOX
BOY
BEATI PASSIONUM

BOZ   CPQ

CPR   CPS   CPT

CPV   CPX   CPY

CPZ   DQR

DQS   DQT   DQV

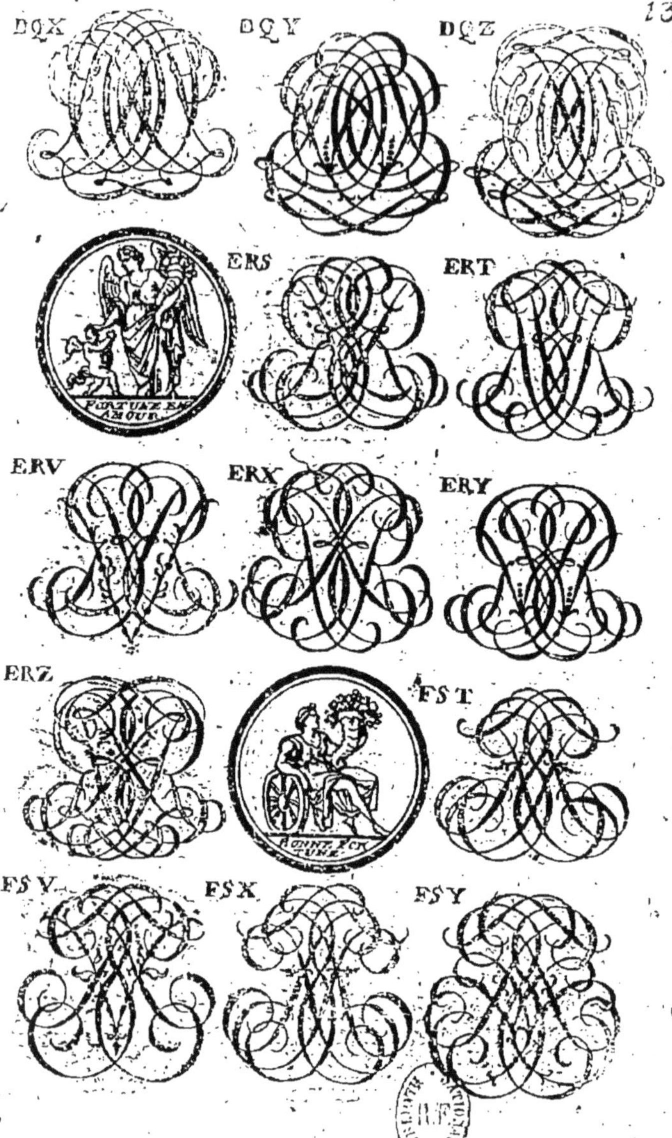
DQX
DQY
DQZ
ERS
ERT
ERV
ERX
ERY
ERZ
FST
FSV
FSX
FSY
PORTUNE EN AMOUR
BONNE FORTUNE

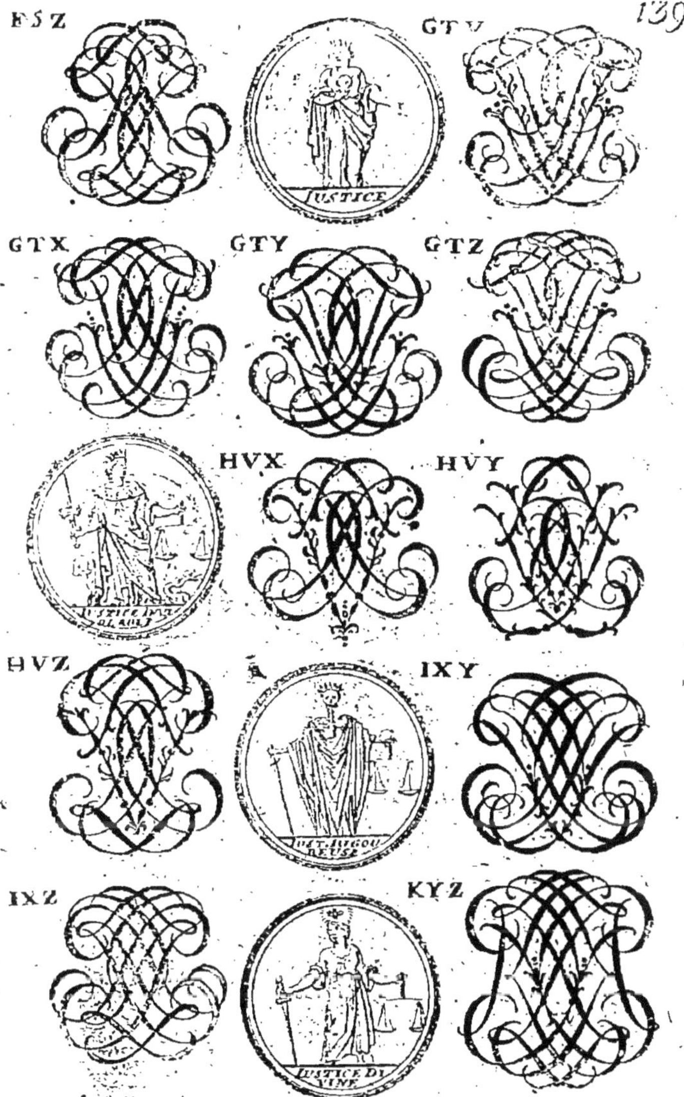

FSZ
GTV
IVSTICE
GTX
GTY
GTZ
HVX
HVY
HVZ
IXY
IXZ
KYZ

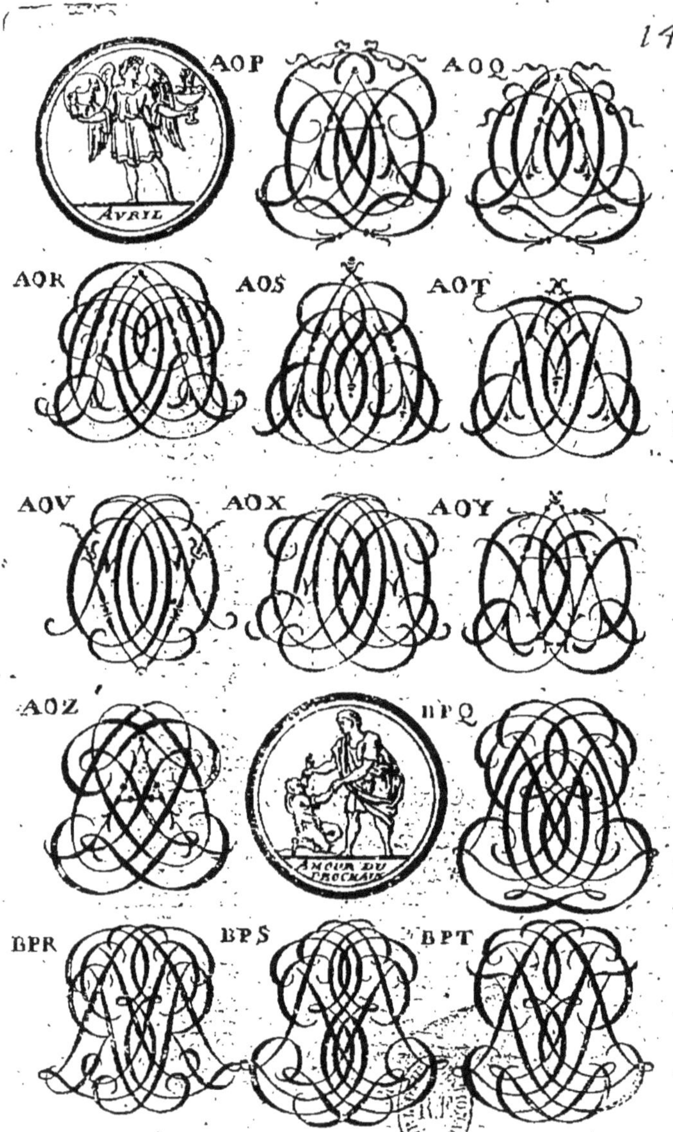
AOP
AOQ
AOR
AOS
AOT
AOV
AOX
AOY
AOZ
BPQ
BPR
BPS
BPT
AVRIL
AMOUR DU
PROCHAIN

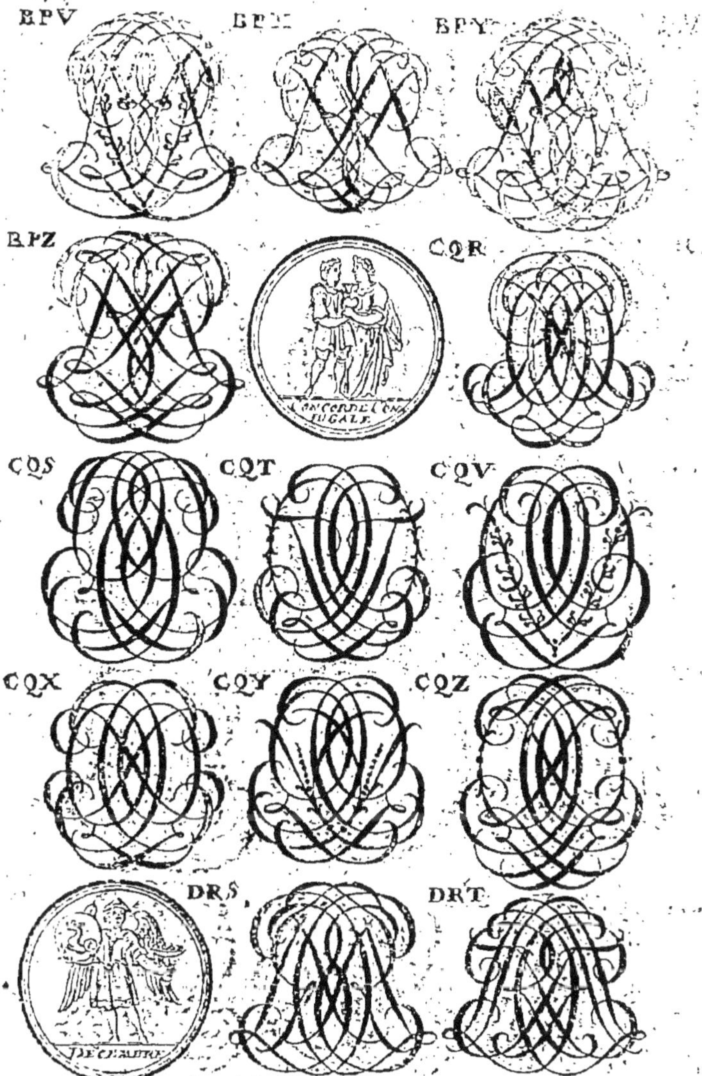
BPV
BPX
BPY
BPZ
CQR
CONCORDE CONIVGALE.
CQS
CQT
CQV
CQX
CQY
CQZ
DRS
DECHAVTE
DRT

DRV DRX DRY

DRZ EST

ESV ESX ESY

ESZ FTV

FTX FTY FTZ

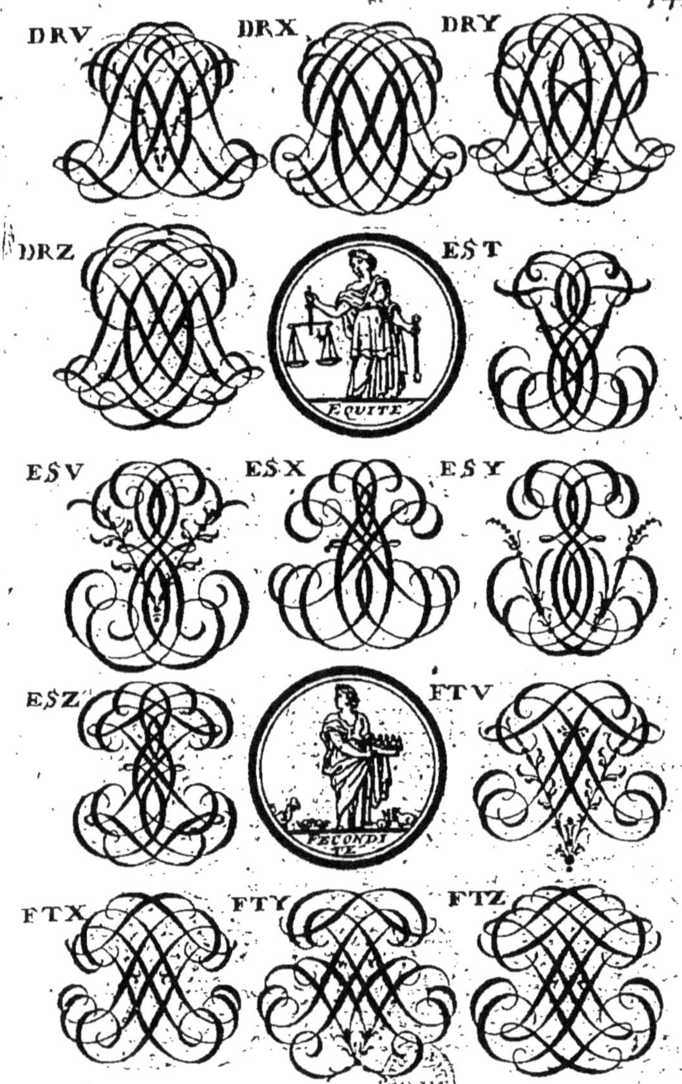

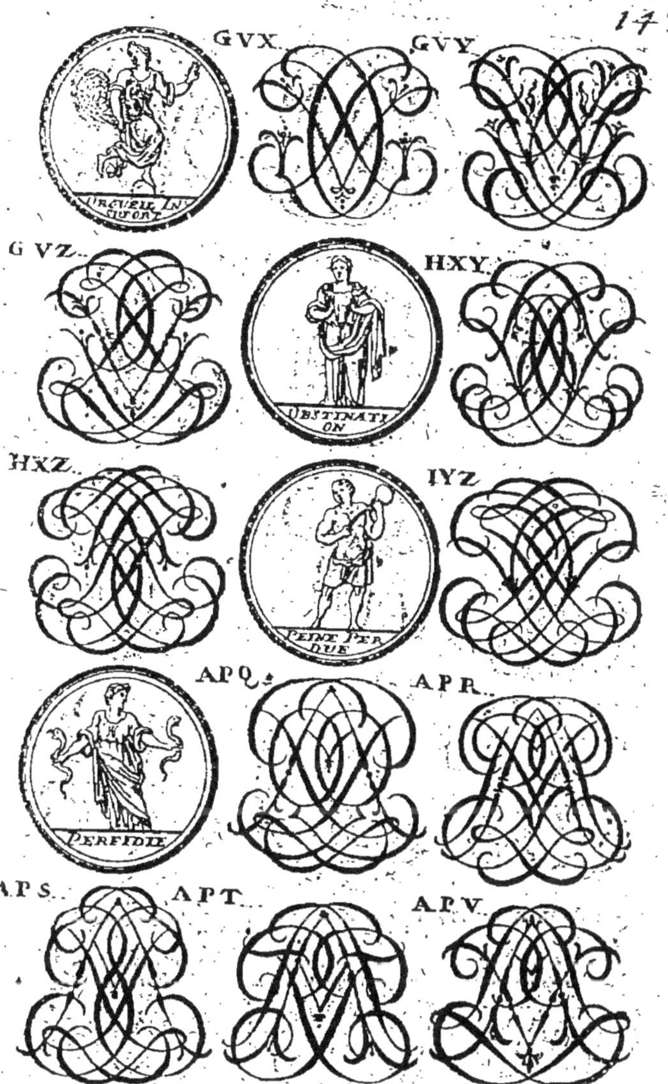
GVX
GVY
GVZ
HXY
OBSTINATI
ON
HXZ
IYZ
PEINE PER
DUE
APQ
APR
PERFIDIE
APS
APT
APV

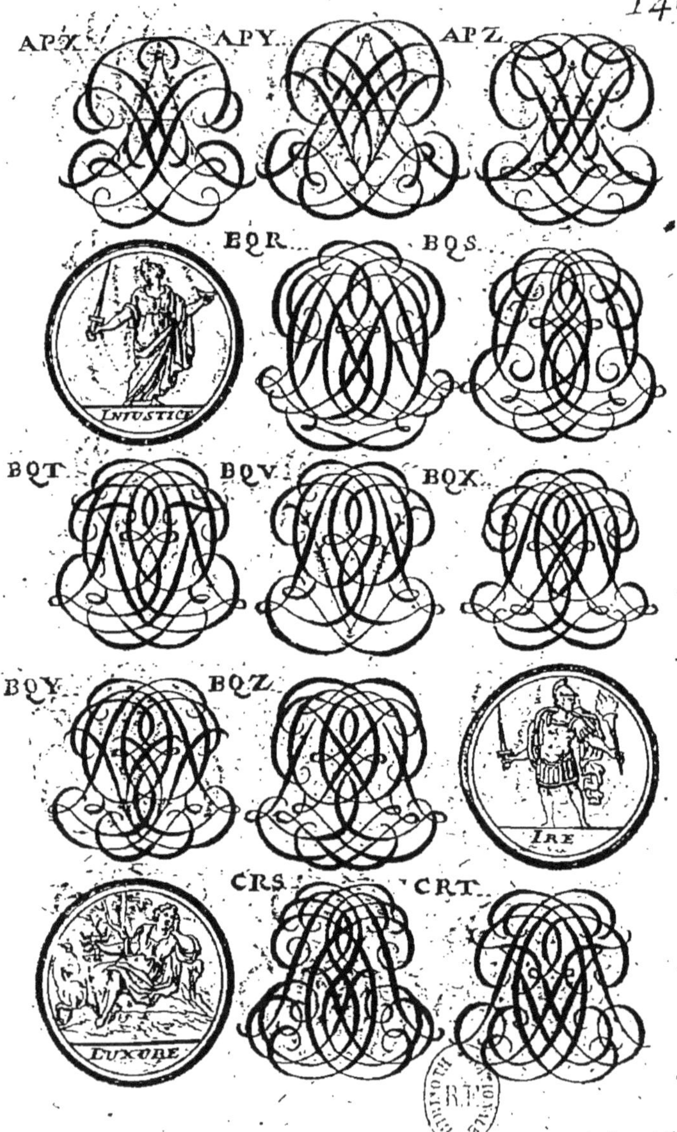
APX
APY
APZ
BQR
BQS
BQT
BQV
BQX
BQY
BQZ
CRS
CRT
INIUSTICE
IRE
LUXURE

CRV
CRX
CRY
CRZ
DST
DSV
DSX
DSY
DSZ
ETV
ETX
ETY
ETZ
DOCTRINE
ELOQUENCE D'AMOUR

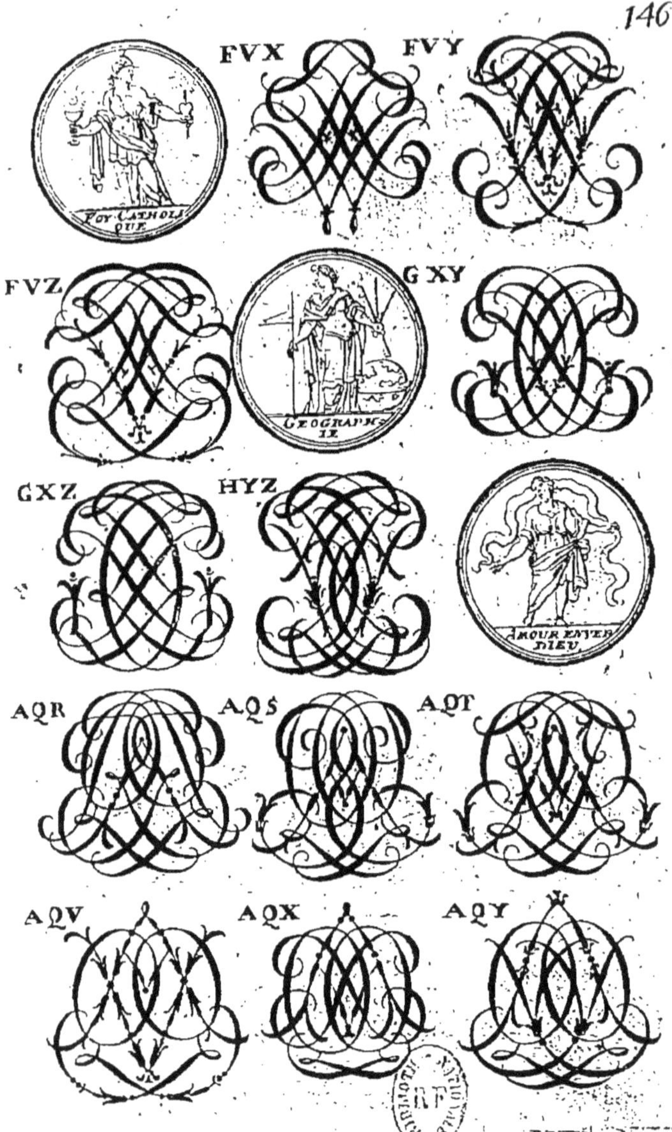
FVX
FVY
FVZ
G XY
GXZ
HYZ
FOY CATHOLIQUE
GEOGRAPHIE
AMOUR ENVER DIEU
AQR
AQS
AQT
AQV
AQX
AQY

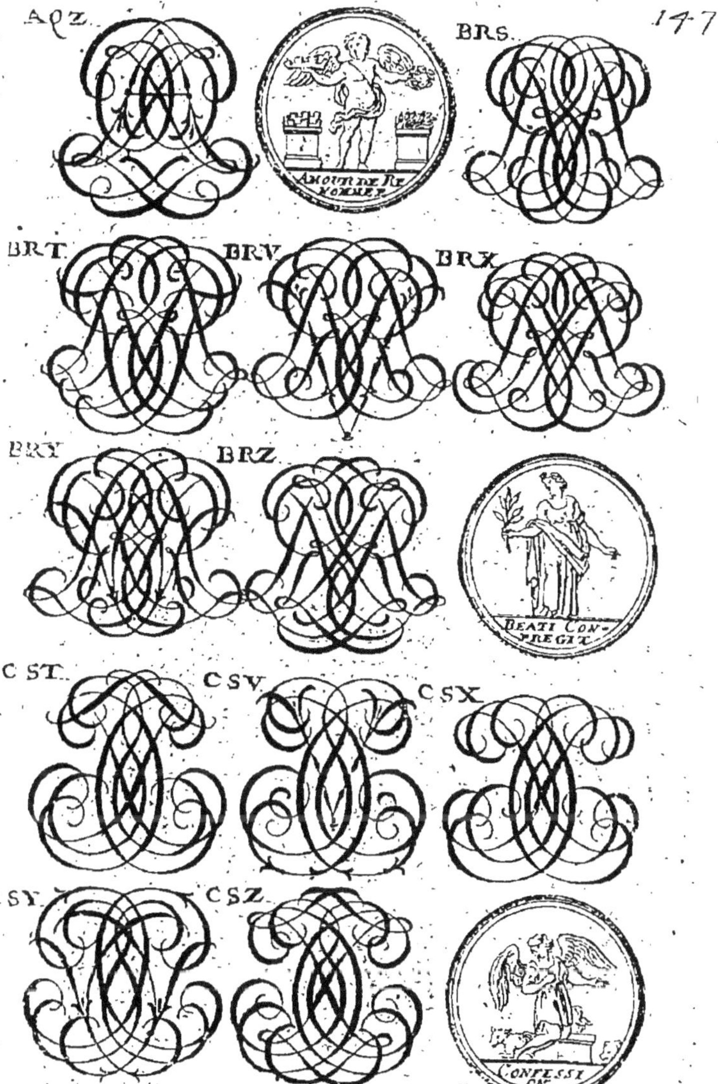

AQZ
BRS
AMOUR DE RE-
HOMMEE
BRT
BRV
BRX
BRY
BRZ
BEATI CON-
FREGIT
C ST
C SV
C SX
CSY
CSZ
CONFESSI
PAT

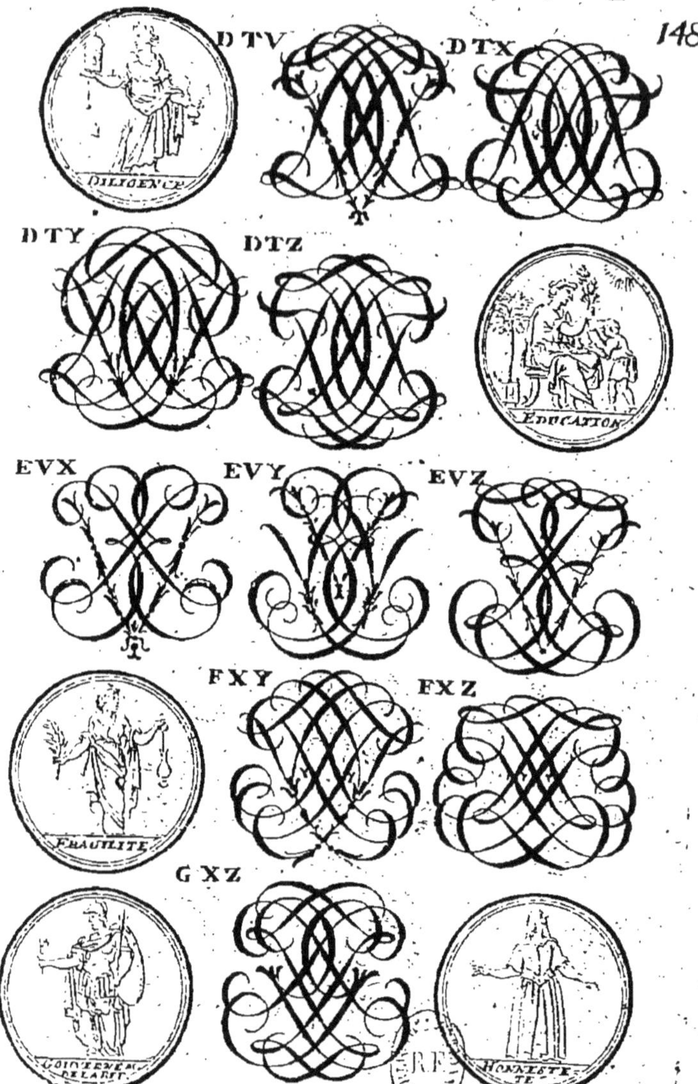
DTV
DTX
DTY
DTZ
DILIGENCE
EDUCATION
EVX
EVY
EVZ
FXY
FXZ
FRAGILITE
GXZ
SOUTIENEM
DELART
HONNESTE
TE

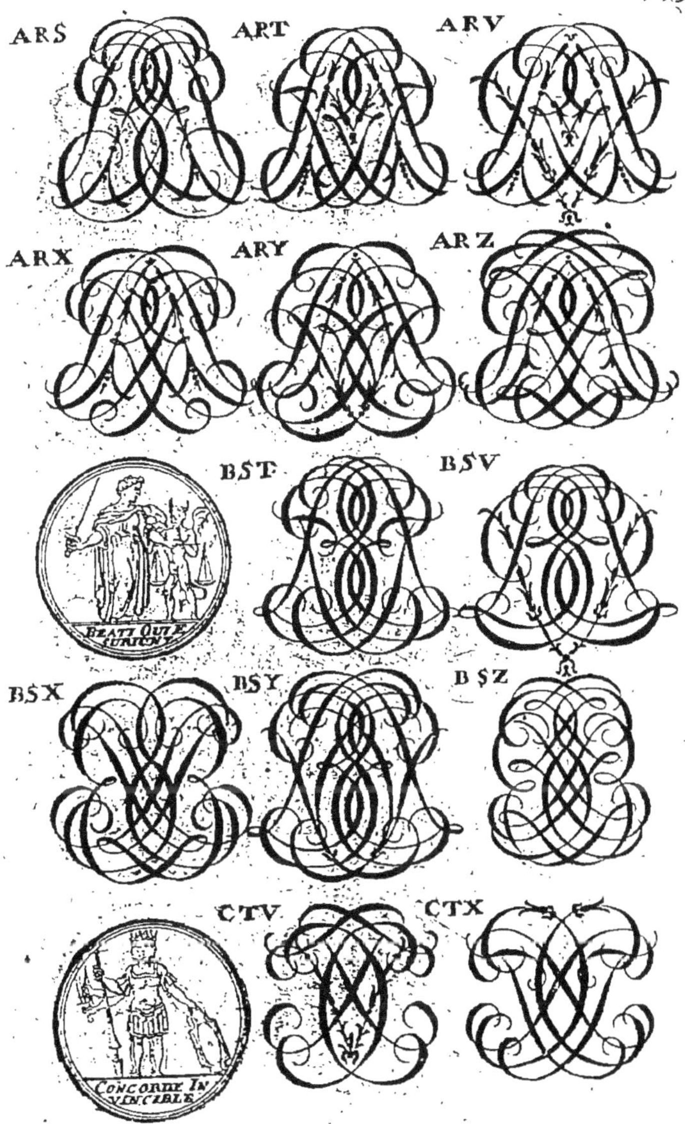
ARS
APT
ARV
ARX
ARY
ARZ
BST
BSV
BSX
BSY
BSZ
CTV
CTX
BEATI QUI
TURICNT
CONCORDE IN
VINCIBLE

CTY
CTZ
DISCORDE
DVX
DVY
DVZ
EXY
EXZ
EMBUCHE
FYZ
POURRERIE
ASSIDUITE
AST
ASV
ASX

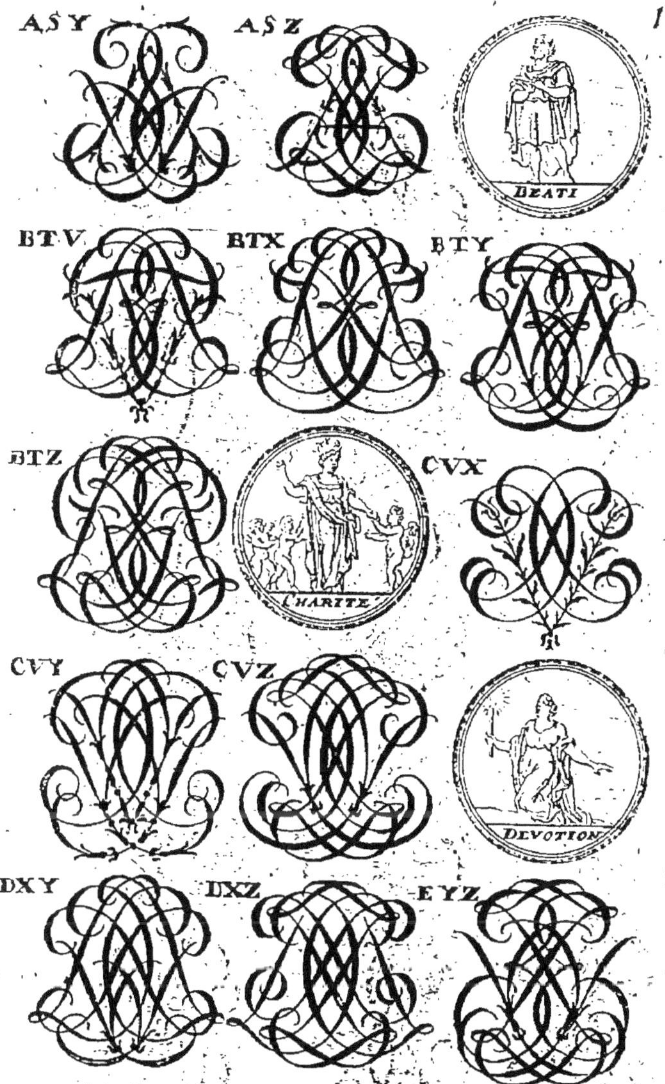

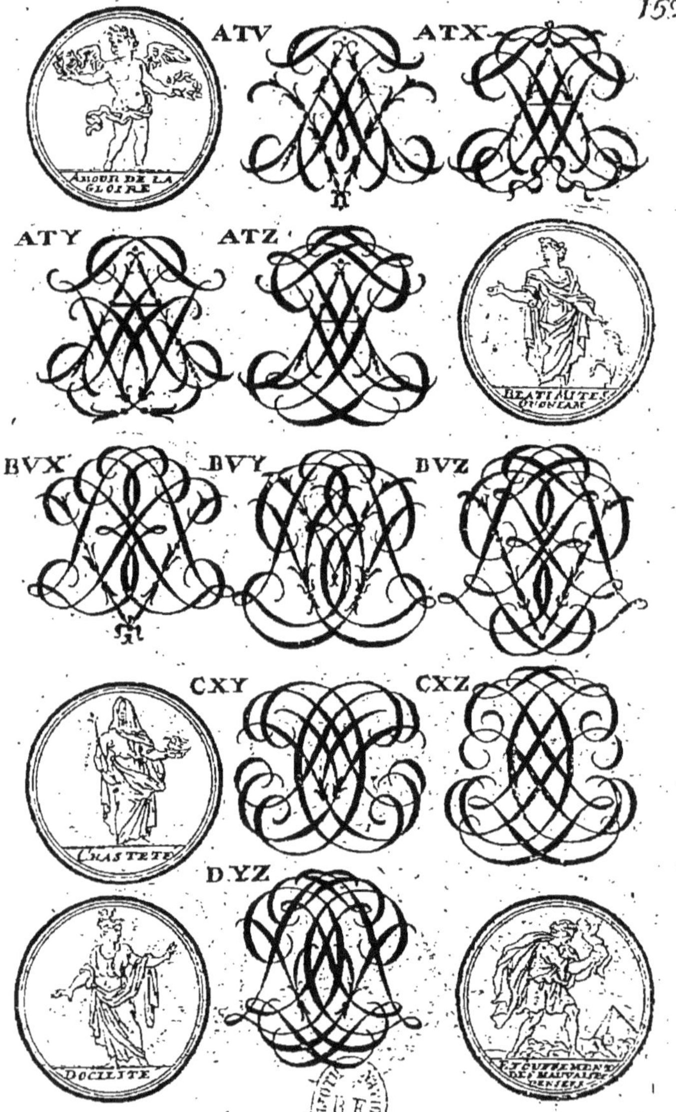

ATV
ATX
AMOUR DE LA GLOIRE
ATY
ATZ
BEATITUDES QUONIAM
BVX
BVY
BVZ
CXY
CXZ
CHASTETÉ
D.YZ
DOCILITÉ
ÉLOIGNEMENT DES MAUVAISES PENSÉES

AVX
AVY
AVZ
BXY
BXZ
CALOMNIE
CYZ
ART
AGRICULTURE
AXY
AXZ
AVARICE
BYZ
AYZ
ASTROLOGIE

Supports et Cimiera

Pour

Les ornemens

Des

Armea

Livre Troisiéme.

10